증보

유아수학교육

정연희 지음

창지사

국립중앙도서관 출판시도서목록(CIP)

유아수학교육 / 지은이: 정연희. -- 증보판. -- 서울
: 창지사, 2014
p. ; cm

ISBN 978-89-426-0742-6 93370 : ₩19000

유아 교육[幼兒敎育]
수학 교육[數學敎育]

375.1-KDC5
372.21-DDC21 CIP2013026696

머리말

수학은 현대정보화 시대에 접어들면서 빠른 계산력보다는 실생활에서의 문제를 해결하고 자료의 정리 및 분석, 정보의 활용을 위해 사용되는 수단으로 발전되어 오고 있다. 따라서 유아수학교육의 목적 또한 수학에 대한 긍정적인 태도와 일상생활에서의 문제해결능력을 기르는 데 그 의의를 두고 있다.

유아기는 수학에 대한 흥미와 관심을 형성하기에 좋은 시기로 유아기에 형성된 수학적 경험은 논리적 사고의 기초와 합리적인 생활태도를 기르는 데 중요한 역할을 한다. 따라서 유아수학교육의 방향은 일상생활에서의 수학적 문제해결능력 배양, 수학적 표현과 의사소통능력 향상, 수학적 원리와 개념 습득, 수학적 가치의 인식 및 자신감 습득에 두어야 할 것이다.

이를 위해 유아수학교육은 유아에게 유의미한 일상생활에서의 직접적 경험과 여러 영역과의 통합적 활동을 통해 이루어져야 하며 다양한 활동집단을 구성하여 보다 효과적인 학습이 일어나도록 하여야 한다.

이 책은 3~5세 누리과정(교육과학기술부, 2012)의 내용을 바탕으로 수와 연산, 공간, 도형, 측정, 규칙성, 자료정리 및 분석, 시간으로 구성되어 있다. 시간은 누리과정에서는 측정과 규칙성 안에 포함되어 있지 않으나 중요성을 감안하여 독립적으로 구성하였다. 이 책에서 저자는 유아기 발달에 적합한 다양한 수학적 개념들을 기술하고 구체적 지도방법과 실제 적용사례들을 제시하여 교사들의 이해를 돕고, 현장에 적용이 가능하도록 구성하였다.

제1부에서는 유아수학교육의 목표와 역사적 경향, 유아수학교육의 이론적 배경, 유아의 수학적 지식구성요소, 유아수학교육의 내용 및 방법, 유아수학교육의 통합적 접근, 유아수학교육의 환경구성, 유아수학교육의 평가 등으로 구성되어 있다.

제2부에서는 유아들의 관심과 흥미를 불러일으키고 유아들이 활동에 몰입하여 수학적 개념과 수학적 과정기술을 습득할 수 있는 다양한 교구 및 과학활동으로 유

아수학교육의 실제를 구성하였다.

처음 이 책을 쓰고자 한 의도는 수학을 가르치는 교사가 알기 쉽고 이해하기 쉽도록 내용을 구성하고, 유아들이 관심과 흥미를 가지고 수학활동에 임할 수 있도록 교사들이 지도할 수 있는 다양한 방법을 제시하는 것이었다. 이를 위해 예비유아교사들에게 수년간 유아수학교육을 가르친 경험과 자료들을 토대로 유아수학교육을 집필하였으나 완성이 가까워 올수록 수정이나 보완해야 할 부분들이 생기면서 부족함을 많이 느낀다.

이 책이 나오기까지 유아수학교육 집필에 도움과 영감을 준 서정대학교 유아교육과 학생들과 이 책이 출판되기까지 끝까지 기다려주고 도움을 주신 창지사 여러분께 진심으로 감사드린다.

2013년 12월

저자 정연희

차례

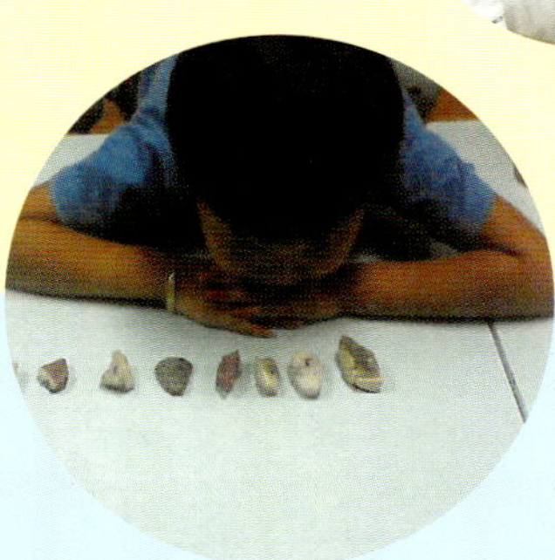

제1부
유아수학교육의 이론

제1장 유아수학교육의 목표 및 역사적 경향

1. 유아수학교육의 목표

수학은 인간생활과 관련된 문제들을 해결하기 위한 중요한 수단으로서 사람들의 보다 풍요롭고 편리한 생활을 위해 발전되어 왔다. 수학교육의 목적 또한 산업사회에서 현대정보화 사회로 발전하면서 변화하고 있다. 산업사회에서는 기초계산능력을 길러 정확한 답을 찾아내는 것이 목적이었으나, 현대정보화 사회로 발전하면서 자료의 정리와 분석, 정보의 활용 등 실생활과 연관된 수학적 문제해결능력을 기르는 데 보다 중점을 두고 있다.

유아기는 수학에 대한 흥미와 관심을 형성하기에 좋은 시기이다. 유아기는 인간형성의 기초적이고 결정적인 시기로서 이 시기에 형성된 습관과 태도는 성장한 후에도 쉽게 변화하지 않는다. 따라서 유아기에 형성된 수학적 경험은 논리적 사고의 기초와 합리적인 생활태도를 기르는 데 중요한 역할을 한다.

유아수학교육이란 '유아의 발달수준을 고려하여 수학의 기본개념과 원리를 학습하도록 돕고, 유아가 일상생활에서의 문제를 해결하는데 습득한 수학적 지식과 기술을 사용하도록 돕는 것' 이라고 정의할 수 있다(권영례, 1995; 박홍자, 2002; 문연심 · 이화영, 2005). 유아수학교육의 기본목표는 유아가 '수학적 소양(mathematical literacy)' 을 기르도록 하는 것이다(박홍자 · 이순영, 2006). 이는 유아가 수학적 개념을 바르게 이해하고 수학의 과정을 즐길 수 있는 경험을 제공하여 수학에 대한 긍정적인 태도를 갖도록 하는 것을 의미한다.

우리나라 제7차 유치원교육과정에서의 유아수학교육의 목표는 '생활주변의 문제를 논리, 수학적으로 해결하기 위한 기초능력을 기른다' 이다(교육과학기술부, 2008). 이는 유아가 자신에게 의미 있는 수학적 상황을 해결하기 위해 이미 알고 있는 지식을 적용하고 각자의 전략을 세워 타당한 결론을 이끌어내도록 하는 수학적 사고능력을 기르는 것을 의미한다.

권영례 · 이영자 · 이정욱(1998)이 제시하는 유아수학교육의 목표를 구체적으로 살펴보면 다음과 같다.

첫째, 일상생활에서 필요한 수학적 문제해결능력을 기른다. 유아들은 일상생활을 통해 다양한 수학적 상황을 경험한다. 예를 들어, 가게에서 과자를 살 때, 유치원에서 장난감을 정리할 때, 서로의 키를 재기 위해 비교도구를 찾을 때 수학적 판단과 문제해결이 필요하다. 유아들은 이러한 일상생활에서의 수학적 문제해결 경험을 통해 수학적 개념을 이해하고 수학적 사고가 발달하며 수학학습의 유용성과 가치를 인식하게 된다.

둘째, 수학적으로 표현하고 의사소통하는 능력을 기른다. 유아들은 자신의 수학적 생각을 구체물, 그림, 표, 쓰기, 말하기 등을 통해 다양하게 표현하고 또래와의 상호작용을 통해 여러 가지 사물의 관계와 복잡한 현상들을 명료하게 기술할 수 있는 능력을 발달시킬 수 있다.

셋째, 수학적 기본개념과 원리를 이해하고 기술을 획득한다.

수학교육의 내용은 수세기와 연산 등의 제한적인 수 개념이 전부가 아니다. 여러 가지 사물을 측정하여 적합한 용어로 표현하는 기술, 공간에 대한 통찰력과 그에 관한 어휘를 사용할 수 있는 능력, 여러 가지 정보와 자료를 수집하고 분석할 수 있는 능력 등 다양한 수학적 개념의 습득이 필요하다.

넷째, 수학적 경험을 즐기고 수학의 가치를 인식한다. 유아들은 일상적으로 수학을 사용하고 즐기는 경험을 통해 수학에 대한 긍정적인 태도를 형성하고 그 가치를 인식할 수 있도록 해야 한다. 따라서 수학교육은 즐거운 놀이활동과 일상적 경험의 재구성을 통한 방법으로 이루어져야 할 것이다. 학습지를 통해 반복적으로 훈련하는 방법은 유아들로 하여금 수학에 대한 부정적인 태도를 형성하게 한다.

다섯째, 자신의 수학적 능력에 대해 확신을 갖는다. 즐거운 수학적 학습경험을 통해 수학이 어려운 것이 아니며 일상적으로 사용하는 기술임을 인식하여 수학적 능력에 대한 자신감을 가질 수 있도록 한다.

2. 유아수학교육의 역사적 경향 및 방향

인류가 수를 사용하기 시작한 것은 가축의 관리, 농작물의 수확 또는 물물교환 등의 실생활에서 필요한 실제적 문제해결과 같은 실용적 목적에 의해서였다. 점차 문명이 발달하면서 인간은 수학을 실용적 수단이 아닌 상징적 기호의 조작만을 다루는 학문으로 인식하거나, 계산능력이나 논리적 사고의 증진수단으로 여기게 되었다(이경우 외 3인, 1997; 한유미, 2003).

오늘날 수학교육의 공통적 경향은 주어진 수학적 지식을 유아가 반복과 훈련을 통해 암기하는 것이 아니라 자발적으로 탐구하고 추측하고 검증하고 수정하면서 수학적 지식을 스스로 구성하고 일상생활에서의 문제해결에 적극적으로 활용하고자 능력을 기르는 데 있다.

유아수학교육의 역사적 경향을 살펴보면 다음과 같다(이경우 외 3인, 1997).

1930년~1950년대는 교수방법의 변화를 통한 수학의 효과적 학습에 중점을 두었으며 대표적 이론가들로는 Thorndike, Dewey, Brownell 등을 들 수 있다.

Thorndike는 수학을 수학적 사실의 집합체로 보았고, 수학교육의 목적을 수학적 의미의 이해보다는 정확하고 신속한 계산능력의 획득으로 보았다. 따라서 학습지를 사용한 반복적 연습과 암기를 중심으로 수학교육의 교수방법이 이루어졌다.

Brownell 또한 수학을 수학적 사실이나 개념을 포함한 내용으로 보았으며 수학교육의 목적을 빠른 계산능력이나 실생활에서의 문제해결보다는 수학자체의 내적 관계 및 구조에 대한 이해, 즉 수학적 의미의 이해로 보았다. 따라서 Brownell은 수학교육의 교수방법에 있어 무조건적인 반복연습과 암기보다는 수학적 상징이나 체계의 의미를 이해하는 것이 선행되어야 이를 통해 학습이 용이하고 전이, 기억력 지속 등의 효과가 있다고 보았다. 또한 학습효과의 지속을 위해 수학적 의미를 이해한 후 제한된 연습이 필요하다고 여겼다.

Dewey는 수학을 일상생활의 문제해결을 위한 수단으로 보았고, 수학교육의 목적을 반복적 연습이나 암기가 아닌 일상생활에서의 문제해결과정을 통한 수학적 진리나 의미발견으로 보았다. 따라서 계획적이고 의도적인 수학교수 방법보다는 유아의 관심과 흥미에 부합하는 일상생활에서의 수학적 문제해결 경험에 중점을 두었다. 다음은 위의 세 가지 입장을 표로 정리한 것이다.

〈표1-1-1〉 1930~1950년대 수학교육에 있어서의 상반된 입장

이론가	Thorndike	Brownell	Dewey
수학의 정의	수학적 사실의 총체	수학적 사실이나 개념을 포함한 내용	문제해결을 위한 수단
수교육의 목적	정확하고 빠른 계산능력	수학적 의미의 이해 (수학자체의 내적관계, 구조이해)	일상생활에서의 수학적 문제해결
교수-학습방법	다양한 형태의 반복연습	상징이나 체계의 의미이해를 전제로 한 제한된 반복연습	일상생활의 문제해결 과정에서 수학적 진리나 의미 발견

1950년대 후반~1970년대 중반에는 수학적 능력을 가진 시민양성이라는 사회적 요구와 더불어 Piaget이론을 바탕으로 '새 수학(New Math)' 이라는 수학교육이 등장하였다. '새 수학' 에 의한 수학교육은 유아 스스로 수학적 관계를 발견하고 수학적 구조를 탐색하도록 하여 규칙이나 원리를 이해하는 것을 전제로 한다. 그러나 반복적 연습이나 암기 등의 주입식 교수방법에 익숙해져 있는 교사들의 이해 및 훈련부족과 모든 개념이나 규칙을 유아 스스로 찾아낼 수 없다는 문제점으로 인해 학습지 사용이 선호되거나 유아들의 계산능력이 저하되는 결과를 초래하게 되었다.

1970년대 중반~1980년대까지는 수학능력 향상 및 수학교육의 기초에 대한 개념을 재정립하는 데 중점을 두어 '기초로 돌아가기(back-to-basic)' 운동이 제기되었다. 이는 반복적 연습에 의한 계산기술의 습득을 강조하는 1950년대 이전의 교육으로의 회귀를 의미하였다. 이러한 움직임에 미국수학교육협회(NCTM)는 일상생활에서의 문제해결을 강조하고 암산, 어림셈, 컴퓨터와 계산기의 활용, 자료의 수집과 분석 등이 교육내용에 포함되어야 한다고 주장하였다.

1980년대 이후 최근 유아수학교육의 동향은 Piaget, Vygotsky 등의 구성주의 이

론에 영향을 받아 일상생활에서의 친숙한 상황에서 유아 스스로 문제해결 방안을 찾도록 하며 논리적 추론에 의한 수학적 관계의 이해, 다른 사람과의 의사소통을 통한 수학적 아이디어의 공유를 강조한다. 이에 바람직한 유아수학교육의 방향을 제시하면 다음과 같다(Baroody, 2000; Clements, 2001; NCTM, 1991; 김숙령, 2000, 이정욱 · 유연화, 2006).

첫째, 유아에게 유의미한 일상생활에서의 직접적 경험을 통해 유아 스스로 수학적 지식을 구성할 수 있도록 한다. 학습하고자 하는 수학적 개념이 유아의 사전 경험이나 일상생활과 연결될 때 유아들은 수학의 유용성을 인식하게 되며 주위의 많은 문제해결에 적용될 수 있음을 깨닫게 된다.

둘째, 유아수학교육은 하루일과 중 자연스럽고 통합적으로 이루어질 수 있도록 한다. 유아수학교육은 즐겁고 재미있으며 유아의 사회적, 정서적, 신체적 요구가 충족될 때 능동적 학습이 이루어질 수 있다. 예를 들어, 등원시간에 자기이름이 쓰여진 칸에 신발 넣기, 간식시간에 친구들의 수만큼 요구르트 하나씩 나눠주기, 자유선택영역 인원수만큼 들어가기, 정리시간에 블록영역에 블록을 모양이나 색깔에 따라 분류하여 정리하기와 같이 모든 활동시간대에 이루어져야 하며 수학영역 외에 다른 흥미영역(역할놀이, 조형, 요리 등) 및 다양한 활동집단(개별활동, 소집단활동, 대집단활동 등)에서 통합적으로 이루어질 때 효과적으로 학습이 일어날 수 있다.

셋째, 유아수학교육은 계산능력보다는 수학적 사고력 및 문제해결력의 발달을 강조해야 한다. 수학이 단순한 규칙이나 절차를 암기하는 것이 아니라 논리적인 것임을 알고 문제해결과정에서 수학적 관계를 추론하고 자료를 수집, 정리, 분석, 활용하는 능력을 갖도록 하여야 한다.

넷째, 유아수학교육의 평가는 유아의 사고나 이해과정을 파악할 수 있도록 관찰, 면접, 작품수집 등 다양한 형식적 · 비형식적 평가방법을 사용하여 이루어질 수 있도록 한다.

제2장 유아수학교육의 이론적 배경

1. Piaget의 인지적 구성주의 이론

Piaget는 환경과의 상호작용을 통해 유아 스스로 지식을 구성하도록 하는 것을 강조한다. Piaget는 인지발달은 인간이 환경에 적응하기 위해 지속적으로 인지구조의 질적인 변화를 가져옴으로써 이루어진다고 보았다(Kamii, 1982; Kamii, C., & Declark, G., 1985). 개인이 스스로 자신의 새로운 인지구조를 구성하고 재구성을 반복하는 과정은 동화와 조절을 통해 이루어진다. 동화란 자신이 이미 가지고 있는 기존의 도식이나 인지구조 내에서 새로운 대상을 받아들이는 과정이다. 조절은 새로운 대상을 받아들이는 데 기존의 도식이나 인지구조가 적합하지 않을 때 기존의 도식이나 인지구조를 수정 · 변화시키고 또 다른 새로운 도식을 구성하는 과정을 의미한다.

새로운 대상발견:

: 새와 비슷한 새로운
대상발견

→

동화
(새로운 대상을 기존 도식에 적용)

: 새는 하늘을 날고 날개가 있다.
이것도 하늘을 날고 날개가 있다.
그러므로 새다.(동화)
<u>그런데 이것은 왜 움직이지도 않고</u>
<u>깃털도 없지?</u>
(인지적 불균형)

↓

지속적 관찰 및 탐색

(비행기와 새를 지속적으로
비교 관찰할 수 있는 기회제공 및
반복적으로 명칭 불러줌)

유아: (하늘을 가리키며)
"새야, 새"
성인: "새가 아니라 비행기야"
유아: "아니야, 새. 날아가잖아. 날개도
있어"
성인: "어! 여기도 새가 있네. 그런데 아
까 본 것과 뭐가 다른 것 같은데
다시 한 번 볼까?"

←

조절
(기존의 도식수정-새로운 도식구성)

: 하늘을 날고 날개가 있는 것은
새도 있고 비행기도 있다.
(기존 도식수정)
새는 살아움직이고
깃털도 있고 새끼도 있다.
(새로운 도식구성)
비행기는 기계이고 사람과 물건을
하늘로 나른다.
(새로운 도식구성)

* 도식(schema) : 지식의 기본단위. 대상에 대한 이해의 틀 · 이미지 · 개념 · 인지구조 등

〈그림 1-2-1〉 동화와 조절의 예

Piaget는 인지발달의 단계를 감각운동기, 전조작기, 구체적 조작기, 형식적 조작기의 네 단계로 나누었다(Piaget, 1977). 감각운동기는 0~2세까지의 시기로 보고 빨고 만지고 냄새맡는 등의 감각적 경험과 굴리고 던지고 당기는 등의 행동을 통해 사

물의 형태, 색깔, 촉감, 특성과 같은 물리적 지식을 습득한다. 전조작기는 2~7세에는 여러 가지 사물의 비슷한 점과 차이점 비교를 통해 사물간의 관계성을 파악하고 유사한 속성을 가진 것들끼리 분류할 수 있는 논리-수학적 지식을 습득하게 된다. 그러나 모든 것을 자신의 관점에서만 생각하고 다른 사람의 생각도 자신의 생각과 같다고 판단하는 자기중심적인 사고와 동시에 두 가지 이상의 요인을 고려하지 못하고 지각적으로 가장 두드러진 요인만으로 판단하는 직관적인 사고로 인해 분류나 보존개념을 완전히 형성하기는 어렵다(Piaget, 1967).

예를들어, 사물을 분류할 때 전조작기 유아들은 객관적 기준에 의해 분류하지 못하고, 주관적 기준에 의해 분류를 한다. 여러 가지 동물들을 비슷한 것끼리 모아 각 울타리에 넣어보도록 했을 때 토끼와 사자 등을 같이 넣어 놓고 무서운 동물끼리 모아놓았다고 하거나 뱀과 다람쥐를 넣어 놓고 귀여운 동물끼리 모아 놓았다고 하는 경우를 들 수 있다.

또한 전조작기 유아들은 대상의 속성을 가장 두드러진 지각적 요인만을 고려하여 판단하는 직관적 사고로 인해 사물의 형태가 바뀌어도 그 양에는 항상 변함이 없다는 보존개념을 형성하기 어렵다. 예를 들어, 같은 양의 우유를 좁고 긴 컵과 얕고 넓은 컵에 부었을 때 어느 한쪽이 많다고 대답하는 경우를 볼 수 있다.

구체적 조작기는 7~12세까지의 시기로 분류, 보존개념이 완전히 형성되며 한 대상에 대해 두 가지 이상의 요인을 고려하여 사고할 줄 알게 된다. 그러나 구체적 사물의 직접적인 조작과 지각을 통해서만 가능하며 완전한 추상적 사고 및 논리적 사고는 형식적 조작기인 12세 이후에 가능해진다.

따라서 Piaget의 유아수학교육에 대한 견해를 정리하면 다음과 같다.

첫째, 유아의 이전경험, 흥미, 발달수준을 고려하여 유아수학교육이 이루어져야 하며 더하기나 빼기와 같이 추상적 사고를 요하는 수 개념은 구체적 조작기 이후에 다루어져야 한다.

둘째, 유아 자신에게 의미 있는 지식은 점진적으로 일어나며 단번에 정확하고 완벽한 이해를 형성하기란 불가능하다. 따라서 유아의 지식구성과정에서 일어나는 여러 차례의 시행착오를 허용하고, 다양하고 반복적인 활동을 제공하도록 하여야 한다.

셋째, 유아들이 여러 가지 감각을 활용하여 사물을 탐색해 보기, 모양, 색깔, 크기가 비슷한 사물끼리 분류해 보기, 관련있는 사물끼리 짝지어 보고 길이, 크기, 무게 등에 따라 순서 짓기와 같이 사물에 대한 직접적이고 구체적 조작활동을 통해 스스로 수학적 사실을 발견하고 관계를 지어볼 수 있도록 하여야 한다.

2. Vygotsky의 사회적 구성주의 이론

Piaget가 유아를 스스로 발견하고 독립적으로 지식을 구성하는 존재로 보았음에 비해 Vygotsky는 유능한 또래나 성인과의 상호작용을 통해 유아가 보다 효과적인 학습을 할 수 있게 된다고 보았다. 그는 이를 '근접발달대(zone of proximal development)개념으로 설명하였다. '근접발달대'는 유아 스스로의 힘으로 문제를 해결할 수 있는 실제적 발달수준과 성인이나 유능한 또래로부터 도움을 받아 문제를 해결할 수 있는 수준인 잠재적 발달수준 간의 간격을 의미한다(Vygotsky, 1962; Vygotsky, 1978).

근접발달대는 고정된 것이 아니라 유아가 좀 더 높은 수준의 지식을 습득함에 따라 계속 변화한다. 따라서 근접발달대는 유아에 따라 다양하므로 효율적인 비계설정(scaffolding)이 필요하다(Bodrova & Leong, 1996). 비계설정이란 원래 건물을 짓는 동안 인부들이 재료를 운반하기 위해 오르내릴 수 있도록 세워진 일시적 구조물인 발판으로서 유아가 과제수행 시 받는 성인이나 유능한 또래의 도움이나 지지에 대한 은유적 표현이다. 비계설정 시 교사는 과제에 대한 유아의 수행능력에 따라 도움의 정도를 조절하도록 하여야 한다. 즉 유아에게 과제가 너무 복잡하거나 어려운 것일 경우 많은 도움을 주고 유아의 과제수행능력이 증가함에 따라 차츰 도움의 정도를 줄여나가 유아의 자율성, 책임감 등을 기르도록 하여야 한다.

유아수학교육에 있어서도 이러한 비계설정의 적용이 중요하다. 첫째, 수학문제해결은 초기에는 교사와의 사회적 상호작용에 의해 조절되어야 하며, 둘째, 유아의 성공적인 수학학습을 위해 교사는 협력활동에서 서서히 유아에게 수학과제에 대한 책임정도를 전가하면서 유아가 자신감 있는 독립적인 문제해결자의 역할을 할 수 있도록 조절하는 것이다.

결론적으로 Vyogotsky의 유아수학교육에 대한 견해는 유아의 수학적 지식습득에 있어 성인의 도움이나 지지뿐만 아니라 또래의 안내와 지원이 필요하다는 것이다. 성인은 수학적 과제와 단서제공, 수학적 질문의 사용, 유아의 수학적 활동과 상호작용 관찰, 글이나 그림, 조형물과 같은 수학적 결과물을 확인하여 유아의 수학학습과 수학적 이해를 도울 수 있으며, 또래는 각자 발견한 수학적 사실에 대해 의견을 나누거나 일상생활에서 발생하는 수학적 문제를 해결하기 위한 토의를 통해 서로의 수학적 개념형성에 도움을 줄 수 있다.

3. Gardner의 다중지능 이론

Gardner는 지능을 일상생활에서 직면하는 문제를 발견하고 해결하는 능력, 사회 · 문화적으로 가치있다고 인정되는 것을 만들어 내는 능력 등으로 보았다(Gardner, 1999). Gardner는 인간의 다양한 능력들 중에서 언어적 지능, 논리 · 수학적 지능, 공간적 지능, 신체운동적 지능, 음악적 지능, 개인 간 지능, 개인 내 지능, 자연탐구 지능 등 여덟 가지 영역을 골라 지능의 범주에 포함시켰다(김명희 · 이경희, 2000).

Gardner는 다수의 지능, 즉 다중지능(multiple intelligence)을 강조하면서 각각의 지능은 '지능' 이라는 상위체제의 일부가 아니라 하나의 독립된 체제로 기능을 하며 어느 특정영역의 지능만 우수한 것이 아니라 각 영역이 서로 동등한 질을 갖는 것으로 보았다. 또한 이러한 지능들은 서로 독립적이면서 실제생활에서 상호연관성이 있기 때문에 각 지능의 특징을 이해하고 상호관련시켜 효율적으로 활용하는 것이 필요하다고 보았다.

이러한 다중지능은 수학적 개념의 습득 및 수학적 문제를 해결하는 과정에서 유아들이 다양한 사고와 감각기관을 활용하여 능동적으로 전개할 수 있는 체계적인 활동에 적용될 수 있다. 그 활용의 예를 들면 다음과 같다(황혜경, 2005; 박소신, 2006).

1 언어적 지능(linguistic intelligence)은 읽기, 쓰기, 말하기에 필요한 단어를 효과적으로 사용하는 능력과 논쟁, 설득, 단어게임 등과 같이 실용적으로 언어를 구사하는 능력을 말한다. 수학교육에서는 '~보다 크다, ~보다 길다. ~보다 무겁다, ~보

다 깊다' 등과 같이 측정과 관련된 비교어휘를 사용하기, 하나(일), 둘(이), 셋(삼)과 같이 수명칭을 알고 말하기, 새 한 마리, 배추 두 포기 등과 같이 수세기에서 사물에 따라 다른 명칭 사용하기 등의 활동을 통해 언어적 지능이 적용될 수 있다.

2 논리 · 수학적 지능(logical-mathematical intelligence)은 계산능력, 논리적 추론능력, 문제해결능력 등을 말한다. 수학교육에서는 유아가 사물과 대응하면서 수세기, 덧셈과 뺄셈하기, 여러 가지 사물을 한 가지 준거에 의해 분류하기, 여러 가지 사물을 두 가지 이상의 공통된 준거를 사용하여 분류하기, 일정한 순서가 반복되는 패턴 알아내고 만들어보기 등의 활동을 통해 사물 간의 관계성, 규칙을 추론할 수 있도록 논리 · 수학적 지능이 적용될 수 있다.

3 공간적 지능(spatial intelligence)은 유아 자신이 있는 곳의 위치, 방향 등을 정확히 지각할 수 있는 능력, 자신이 지각한 대상이나 주변환경을 그림이나 조형물로 나타내는 능력, 그리고 공간구조를 자신에게 적절한 위치로 배치하는 능력 등을 말한다. 수학교육에서는 유아 자신과 다른 대상사이의 공간적 위치 표현하기, 자기가 사는 동네 돌아보고 유치원과 집 또는 자기가 사는 동네의 위치를 간단한 그림지도로 표현해 보기, 여러 가지 상자와 종이를 이용하여 우리 집 꾸미기 등의 활동을 통해 공간적 지능이 적용될 수 있다.

4 신체 · 운동적 지능(bodily-kinestic intelligence)은 자신의 몸을 잘 다루고, 춤, 운동, 연기 등을 쉽게 익히며, 몸전체를 사용하여 아이디어와 느낌을 창조적으로 표현하는 능력을 말한다. 수학교육에서는 목표물 맞추기(볼링, 과녁 맞추기, 오자미 넣기), 경주(의자빼기, 열매 따오기, 숫자만큼 모으기) 등과 같은 대집단게임, 숫자를 신체로 표현하기, 신체패턴만들기(앉고 서고 앉고 서기 반복) 등의 활동을 통해 신체 · 운동적 지능이 적용될 수 있다.

5 음악적 지능(musical intelligence)은 리듬과 멜로디를 인식하는 능력과 음에 대한 지각력, 변별력, 표현능력 등을 말한다. 수학교육에서는 여러 가지 악기나 사물의 소리를 변별하고 분류해 보기, 수와 관련된 노래를 부르면서 손뼉이나 손으로 숫자 헤아리기 등을 통해 음악적 지능이 적용될 수 있다.

6 개인 간 지능 또는 대인관계지능(interpersonal intelligence)은 다른 사람의 기분, 의도, 동기, 느낌을 분별하고 지각하는 능력, 다른 사람들을 이해하고 그 사람들과 일할 수 있는 능력 등을 말한다. 수학교육에서는 수학적 문제해결과정에 함께

참여하여 정보를 교환하거나 의사소통하기, 친구에게 도움을 주거나 도움받기, 여러 가지 방안을 제시하여 문제해결하기 등의 활동을 통해 개인 간 지능 또는 대인관계지능이 적용될 수 있다.

7 개인 내 지능(Intrapersonal Intelligence)은 자아를 이해하고 자신이 가진 여러 감정을 인식하고 조절하며 표현할 수 있는 능력을 말한다. 수학교육에서는 유아가 스스로 수학적 문제를 끈기 있게 해결해 보도록 하거나 새로운 시도를 할 수 있도록 유아에게 흥미있는 주제나 일상생활에서 발생하는 문제를 수학활동으로 제안함으로써 적용될 수 있다.

8 자연탐구지능(naturalist intelligence)은 자연현상을 탐구하고 자연의 변화를 인식하여 환경에 적응할 수 있는 능력을 말한다. 수학교육에서는 여러 가지 자연물(과일, 꽃, 동물, 나무, 나뭇잎, 돌)등의 물리적 특성을 탐색하고 공통된 특성을 가진 것끼리 분류해 보는 활동, 계절에 따른 강수량의 변화측정, 동 · 식물의 성장측정 등의 활동을 통해 자연탐구지능이 적용될 수 있다.

따라서 Garder의 유아수학교육에 대한 견해를 정리하면 다음과 같다. Gardner가 주장하는 8가지 지능은 서로 독립적이면서 상호연관성을 가지고 있으며 박희숙(2004)은 다중지능 영역 내에서 강점인 지능영역과 약점인 지능영역 간의 활동을 연계시키는 통합적 접근이 유아의 전인적인 성장과 발달에 도움을 준다고 하였다. Piaget(1962) 또한 유아의 발달에 적합한 수학교육을 위해서는 유아의 신체, 사회, 정서적 측면을 고려하여 모든 영역이 통합적으로 계획되어야 한다고 하였다. 따라서 교사는 수학적 개념의 습득이나 수학적 문제해결과정에서 여러 지능이 활용될 수 있도록 통합적으로 활동을 계획하거나 유아가 다양한 방법을 시도해 보도록 격려함으로써 보다 효과적이고 긍정적인 학습경험이 일어날 수 있도록 고려하여야 한다.

제3장 유아의 수학적 지식구성을 위한 요소

Piaget는 지식의 유형을 물리적 지식, 논리 · 수학적 지식, 사회적 지식으로 나누었다. 물리적 지식은 사물을 직접 관찰하고 조작해 보는 경험을 통해 사물자체의 특성 또는 속성을 파악하여 얻은 지식을 의미한다. 논리 · 수학적 지식은 사물자체의 특성에 대한 것이 아니라 유아가 추상적 사고를 통해 사물과 사물 간의 관계를 지어봄으로써 형성되는 지식을 의미한다. 따라서 논리 · 수학적 지식을 습득하기 위해서는 유아가 여러 사물을 관찰하고, 비교해 보고, 비슷한 것들끼리 짝지어 보는 등의 직접적 조작경험이 선행되어야 한다(kamii, 1988; 김영선, 2002).

수학적 지식의 내용을 살펴보면 자료의 정리 및 분석, 수와 연산, 측정, 시간, 공간과 도형, 규칙성 등이 있다. 최근 유아수학교육의 경향은 이러한 수학적 지식이나 개념에 대한 학습뿐 아니라 수학적 사고의 과정에 중점을 두고 있다. 이를 통해 유아가 수학적 가치를 이해하고, 수학적 소양을 기르도록 하며 일상생활속에서 활용할 기회를 제공할 수 있다. 수학적 소양(mathematical literacy)은 논리적인 추론능력, 의사소통능력, 수학적 개념 간 또는 영역 간의 연계능력과 같은 수학적 과정기술(mathematical process skill)과 수학적 문제에 대한 지속적인 관심과 자신감과 같은 수학적 태도(mathematical attitude)를 포함한다(Clements, 2004; Copley, 1999; NCTM, 2000).

다음은 유아가 수학적 지식을 구성하는 데 필요한 수학적 과정기술과 수학적 태도에 대해 살펴보고자 한다.

1. 수학적 과정기술(mathematical process skill)

1) 문제해결하기

문제해결하기는 유아의 일상생활이나 동화의 수학적 상황, 수학과제에서의 문제해결을 위해 수학적 지식과 기술, 전략을 사용하는 것을 말한다. Shaw와 Blake(1998)은 유아가 연산이나 수학적 개념을 완전히 습득할 때까지 기다릴 필요없이 개념과 기술을 소개하거나 발달시키기 위한 한 수단으로 문제해결하기를 사용할 수 있다고 하였다.

문제해결하기와 관련된 활동을 살펴보면 다음과 같다. 예를 들어, 블록을 정리할 때 같은 모양이나 색깔의 블록끼리 분류하기, 직사각형과 정사각형의 비슷한 점과 다른 점 비교하기 등의 활동이 이에 속한다. 이를 통해 도형, 분류와 같은 수학적 개념을 습득할 수 있다. 한 반을 두 팀으로 나누어 게임을 할 때 유아들은 남자와 여자 팀으로 나누기, 둘씩 짝짓기 등의 다양한 방법을 사용하여 두 집단으로 나누고 두 집단의 수를 각각 세어본 후 수량을 비교하고 한 집단의 수를 더하거나 뺌으로써 두 집단의 수를 같도록 만들어 문제해결을 할 수 있다. 이를 통해 수세기, 수량비교, 수 연산 등의 수 개념을 습득할 수 있다. 이외에 시장놀이에서 하고 싶은 가게 조사하기, 나의 가족 중 할아버지, 할머니가 계신 분 조사하기, 우리 반 친구들이 좋아하는 장난감 조사하기 등의 조사활동을 할 때 질문구성, 자료수집, 수집된 자료의 분류 등의 과정을 거친다. 이러한 과정이 바로 문제해결이라고 할 수 있다. 이를 통해 통계에 대한 수학적 개념을 습득할 수 있다.

Copley(2000)는 문제해결과정의 문제상황을 파악하고, 해결방법을 계획하고, 계획을 실행하고 문제해결 후 해결과정에 대해 평가하는 것으로 보았다. 첫 번째는 문제상황을 파악하기 위해 충분한 시간을 보낼 수 있도록 분위기를 조성하는 단계이다. 교사는 유아에게 "왜 이런 일이 일어났을까?", "무엇이 문제인지 이야기해 보겠니?" 라고 질문을 함으로써 문제상황을 구체적으로 인식하도록 한다. 두 번째는 문제를 풀 때 계획을 세우는 단계로서 "문제를 풀려면 먼저 어떻게 하는 것이 좋을까?", "또 다른 방법은 없을까?" 라고 질문을 함으로써 계획을 격려하고 대안을 고려해 보도록 한다. 세 번째는 계획을 실행하는 단계로 실행 전에 유아들이 어떤 결과가 나타날지 예측해 보고 실행해 보도록 한다. 또한 실행의 어려움에 부딪쳤을때는 그 해결책이 적합한지 다른 대안은 없는지 질문을 하여 도움을 제공하거나 격려를 한다. 네 번째는 문제해결 후 문제해결과정을 검토하고 문제해결의 단서를 검증해 보는 평가단계이다. "너희가 어떻게 문제를 해결할 수 있었니?", "해결하는 데 어려움은 없었니?", "너희가 해결한 방법이 맞는지 확인해 보자" 등과 같은 질문을 통해 유아의 반성적 사고를 촉진하도록 한다.

2) 추론하기

추론하기는 문제발생 시 이를 해결하기 위해 기존에 가지고 있는 정보나 지식을 서로 연결짓거나 재구성하여 논리적인 결론으로 이끄는 과정이라고 할 수 있다(박경옥, 2003; 김소향. 2004).

유아수학교육에 있어서 추론하기는 패턴인식 및 분류기술과 관련이 있다(나귀옥 · 김경희, 2003). 즉 '네모, 세모, 세모, 네모'의 패턴에서 다음에는 어떤 모양이 와야 하는지 또는 자석에 붙는 것과 붙지 않는 것을 어떻게 분류해야 할 것인지 등에 추론하기가 사용된다. 유아들은 대체로 자연스럽게 접하는 일상생활의 경험 또는 이미 받아들인 지식을 통해 추론을 하고 논리적인 결론을 내리고자 한다.

교사는 유아들이 자신이 추론한 것을 표현하고 다른 유아가 추론한 것이 적절한지 질문이나 반증을 제시하는 등 서로 의견을 교환하는 시간을 줌으로써 유아에게 자신과 타인이 추론한 것이 맞는지 살펴보고 명료화할 수 있는 태도를 갖도록 할 수 있다. 패턴인식과 관련된 추론하기 활동들에는 이미 제시된 패턴에서 다음에 올 모양이나 색깔이 무엇인지 알아맞히기, 모양이나 색깔패턴 만들기, 만들어진 패턴에 대해 설명하기 등이 있다.

분류기술과 관련된 추론활동들에는 여러 가지 동 · 식물 분류하기, 여러 가지 사물 분류하기 등이 있다. 유아들은 오감을 사용하여 여러 가지 사물의 색, 모양, 촉감, 질감, 냄새 등을 인식하고 이들의 공통된 속성을 파악하여 분류를 하거나 직접적 경험이나 이미 알고 있는 지식을 바탕으로 추론을 하고 그에 따른 기준을 설정하여 분류한다.

3) 의사소통하기

수학에서 의사소통은 유아의 생각을 표현하고, 명료화하도록 돕는 중요한 매개체역할을 한다. 수학에 있어서의 의사소통은 말하기, 듣기, 쓰기, 읽기와 같은 언어적 표상뿐만 아니라 실물, 그림, 사진, 모형, 표, 벤다이어그램, 그래프 등이 사용된다. 유아들은 언어, 몸짓, 그림, 자신이 만든 상징 또는 기호 등 여러 가지 방법으로 자신의 생각을 표현한다. 또한 유아들은 다른 사람의 의견을 듣고 자신의 생각을 수정하고 보완할 수 있게 된다(Shaw & Blake, 1998).

수학활동에서 의사소통을 활성화하려면 단순한 해답이나 설명을 요구하는 과제를 제시하기보다는 다양한 해답 및 논리적인 설명을 요구하는 과제를 제공할 필요가 있다. 예를 들어, 각각 크기, 색깔, 종류가 다른 여러 마리의 동물들을 여러 울타리에 나누어 넣도록 하는 분류과제를 유아들에게 제시했을 때 유아들은 여러가지 준거를 사용한 다양한 설명을 할 수 있을 것이다. 즉 종류에 따라 같은 동물들끼리, 크기에 따라 큰 동물들은 큰 동물들끼리, 작은 동물들은 작은 동물들끼리, 몸색깔에 따라 노랑색은 노랑색끼리, 파랑색은 파랑색끼리, 빨강색은 빨강색끼리 한 울타리에 넣을 수 있을 것이다. 이러한 준거 이외에 동물들의 식성이나 서식처와 같이 특정한 속성에 의해 분류를 하는 유아들도 있을 것이다.

또한 유아들은 의사소통과정에서 과제에 대한 해답을 표현하는 기회를 통해 자신의 생각을 명료화하고 자신의 생각에 대한 다른 사람의 의견을 경청함으로써 자신의 생각을 수정할 수 있다. 그리고 같은 과제에 대한 다른 사람의 다양한 의견을 공유함으로써 자신의 수학적 지식을 확장하고 재구성할 수 있다.

4) 연계하기

연계하기는 유아가 일상생활에서 경험한 비형식적인 수학과 형식적인 수학의 연계, 수학적 개념 간의 연계, 수학과 다른 교과영역 간의 연계를 통해 유아에게 수학을 의미 있는 활동으로 만드는 것이다.

일상생활에서의 비형식적인 수학과 교육기관에서의 형식적 수학을 연계하는 활동의 예로는 손가락을 사용한 수세기를 들 수 있다. 이는 형식적인 수학을 배우기 전에 대부분의 유아들이 경험하는 수세기의 한 과정으로 구체물을 사용하지 않는 추상적인 수세기보다 이해가 쉽고 수행이 가능하다. 또한 숫자와 덧셈, 뺄셈 기호를 사용한 형식적인 수 연산보다는 인형이나 블록 등 자신에게 친숙하고 일상에서 늘 접하는 구체적 사물을 사용하였을 때 유아들의 더하기와 빼기의 이해를 촉진시킬 수 있다.

연계하기의 또 다른 측면으로 하나의 수학적 개념과 다른 수학적 개념 간의 연계를 들 수 있다(홍혜경, 1992; 나귀옥 · 김경희, 2003). 예를 들어 끼우기 블록을 사용하여 책상의 길이와 교탁의 길이를 비교측정할 때 끼우기 블록의 수를 세어보는 활동은 측정을 이해하는 것이 주목적이기도 하지만 수세기가 보조수단으로 포함된다.

또한 연계하기에서 강조하는 것은 수학을 분리된 교육과정의 한 영역이 아니라 문학, 과학, 미술, 요리, 게임 등 다른 영역과의 연계를 통해 유아에게 유의미한 상황에서 자연스럽게 수학적 개념을 이해하도록 하는 것이다(Shaw & Blake, 1998). 예를 들어 요리영역에서 핫케이크 요리를 하면서 자연스럽게 핫케이크 가루, 우유 등의 양을 측정할 수 있으며 측정단위를 습득할 수 있고, 과학영역에서 나뭇잎의 색과 모양이 비슷한 나뭇잎끼리 모아보는 활동을 통해 분류개념을 습득할 수 있으며, 미술영역에서 여러 색깔과 모양의 패턴으로 꽃목걸이를 만들면서 패턴개념을 익힐 수 있다. 이렇게 유아들의 직접적 경험과 연관된 활동들은 추상적이고 형식화된 수학활동보다 유아의 흥미와 이해를 돕는 데 커다란 역할을 한다. 따라서 수학과 다른 영역 간의 연계는 유아들의 수학개념 습득에 필수적 요소라고 할 수 있다.

5) 표상하기

표상하기는 수학적 개념에 대한 유아의 이해를 다양한 매체를 사용하여 표현하는 수학적 과정기술이다. 글쓰기를 모르는 유아도 그리거나 긁적거리는 형태로 자신의 생각을 표상한다. 또한 그리고 쓰는 것이 유아가 이해한 부분을 완전히 다 나타내지는 못하지만 유아가 표상한 것을 설명하도록 함으로써 유아의 사고에 대한 가치있는 정보를 얻을 수 있다(Myren, 1996).

유아들의 수학적 표상은 주로 수학적 사고의 의사소통도구로서 사용된다. 자신의 수학적 개념이나 이해를 유아들은 자신이 사용할 수 있는 발명적인 상징이나 그림을 활용하여 표현할 수 있고 이를 설명하는 과정에서 다른 사람과의 의사소통을 쉽게 할 수 있다.

유아들은 표상수단으로서 실물, 말하기, 쓰기, 제스처, 그림, 자신이 발명한 상징, 관습적인 상징을 사용한다. 따라서 교사들은 언어뿐만 아니라 유아들에게 그림이나 지도, 그래프, 표 등과 같은 표상수단을 소개하고 이를 활용할 수 있도록 격려해야 한다. 특히 유아들은 관습적인 상징을 배우기 이전에 그들 자신만의 독특한 표상을 하도록 격려하여야 한다(Edwards, Gandini & Forman, 1993).

유아들은 수학적 개념을 이해하기 위해 자신의 손가락, 언어, 그림, 다이어그램, 신체적인 제스처와 같은 표상을 사용한다. 그중에서도 유아들은 자신의 신체인 손가락이나 실물을 사용하는 것이 쉽다. 예를 들어 '두 개와 세 개를 더하면 몇 개가 될 것인가?' 에 대한 질문에 유아들은 자신의 손가락을 사용하거나, 실물, 인형이나 모형 등을 가지고 더하기를 한다.

보다 나이든 유아들은 실물이 아닌 그림, 자신이 발명한 상징, 관습적인 기호나 상징들을 사용하여 수활동을 할 수 있게 된다. 예를 들어 유아들은 여러 동물들이 등장하는 동화를 듣고 더하기 또는 빼기와 같은 연산문제를 풀 때 동물을 표시하기 위해 동물들을 간단히 그리거나 ○ 또는 ×와 같은 관습적인 상징, 자신이 발명한 상징을 사용하여 수학과제를 보다 용이하게 해결하고자 한다(나귀옥, 2002).

3. 수학적 태도

수학적 태도란 수학에 대한 지각, 신념을 말하는 것으로 학자들은 유아들이 수학에 대해 갖는 자신감, 유능감, 끈기, 흥미, 호기심, 융통성, 협동성 등으로 보았다(Reyes, 1984; NCTM, 1989; Worth, 1990; Ward, 1993; Kennedy & Tipps, 2000 ; 최미희, 2003; 백소영, 2005).

수학에 대한 유아들의 태도는 수업형태, 활동방법, 활동자료의 제시 등에 의해 결정되거나 변화될 수 있다. 따라서 단순암기나 반복적인 훈련보다는 일상생활에서의 조작 및 경험중심의 다양한 수학활동을 통해 즐거움과 자신감을 느끼도록 하는 것이 중요하다. 일상생활에서 수학적인 문제상황에 직면했을 때 유아들은 융통성을 가지고 여러 가지 대안을 찾고 시험해 본다. 이러한 경험은 유아들에게 동기유발과 만족감을 주는 의미 있는 활동이라고 할 수 있다. 긍정적인 수학적 태도를 기르기 위한 교사의 역할을 살펴보면 다음과 같다.

첫째, 유아가 수학에 흥미를 가지고 자신의 수준에 맞는 과제를 선택하게 함으로써 성취감을 높여 주어 수학에 대한 자신감을 형성하도록 도울 수 있다. 이를 위해 수학학습에 대한 유아의 준비도와 흥미, 욕구, 느낌 등을 고려하여 실제사물이나 조작자료, 그림들을 유아의 수준에 맞게 사용함으로써 유아의 능동적 참여를 유도하여야 한다.

둘째, 협동과제를 제시함으로써 또래와의 상호작용을 통한 수학적 경험을 제공하고 각자 발견한 수학적 개념을 서로 설명하거나 문제해결을 위한 토의를 유도함으로써 유아의 자율적 지식형성을 도울 수 있다.

셋째, 유아가 해결한 문제에 대한 답이 맞았는지 틀렸는지 그 정확성을 평가하는 것이 아니라 문제에 대한 해결책을 모색하고 제안하며 지속적으로 시도하고자 하는 유아의 긍정적인 태도를 격려함으로써 자연스럽게 수학적 지식과 개념들을 형성할 수 있도록 도울 수 있다.

제4장 유아수학교육의 내용과 방법

유아수학교육의 내용은 수학교육의 최근 동향을 반영하여 유아의 수학적 소양을 증진시키고 수학적 힘을 길러줄 수 있는 내용으로 구성되어야 하며, 현재 및 미래에 필요한 수학적 요구가 포함되어야 한다. 유아수학교육의 내용은 학자들마다 조금씩 다르게 제시하고 있는데 그 내용을 살펴보면 다음과 같다.

Charlesworth(2000)는 유아수학교육 내용으로 논리와 분류하기, 일대일 대응, 수감각과 수세기, 비교하기, 모양, 공간감각, 부분과 전체를 포함시키고 있다. 미국수학교사협의회(NCTM, 2000)는 수와 연산, 대수(패턴, 함수, 관계), 측정, 자료의 분석 및 확률, 공간과 도형을 내용구성의 기준으로 제시하고 있다. 이경우 · 홍혜경 · 신은수 · 진명희(1997)는 유아수학교육의 내용으로 분류, 순서 짓기, 수와 수의 활용, 부분과 전체, 측정, 공간관계와 기하, 패턴, 통계, 컴퓨터를 포함하고 있다.

2012년 개정 3~5세 누리과정(교육과학기술부, 2012)에서는 유아수학교육의 내용으로 수와 연산의 기초개념 형성하기, 공간 및 도형의 기초개념 형성하기, 기초적인 측정하기, 규칙성 이해하기, 기초적인 자료 수집과 결과 나타내기 등이 포함되어 있다.

다음은 3~5세 누리과정(교육과학기술부, 2012)의 자연탐구 영역 중 수학적 탐구하기 내용 범주 및 3~5세 연령별 세부 내용을 표로 정리해 놓은 것이다.

〈표1-4-1〉 3~5세 누리과정 자연탐구영역 중 수학적 탐구하기의 세부 내용(교육과학기술부, 2012)

내용 범주	내용	3~5세 연령별 세부 내용 3세	4세	5세
수학적 탐구하기	수와 연산의 기초개념 형성하기	생활 속에서 수에 관심을 갖는다.	생활 속에서 사용되는 수의 여러 가지 의미를 안다.	
		구체물 수량의 많고 적음을 비교한다.	구체물 수량에서 '길다', '더 많다', '더 적다'의 관계를 안다.	구체물 수량의 부분과 전체 관계를 알아본다.
		다섯 개 가량의 구체물을 세어보고 수량에 관심을 갖는다.	열 개 가량의 구체물을 세어보고 수량을 알아본다.	스무 개 가량의 구체물을 세어보고 수량을 알아본다.
				구체물을 가지고 더하고 빼는 경험을 해 본다.
	공간과 도형의 기초개념 형성하기	나를 중심으로 앞, 뒤, 옆, 위, 아래를 알아본다.	위치와 방향을 여러 가지 방법으로 나타내 본다.	
				여러 방향에서 물체를 보고 그 차이점을 비교해 본다.
		물체의 모양에 관심을 갖는다.	기본 도형의 특성을 인식한다.	기본 도형의 공통점과 차이점을 알아본다.
			기본 도형을 사용하여 여러 가지 모양을 구성해 본다.	
	기초적인 측정하기	두 물체의 길이, 크기를 비교해 본다.	일상생활에서 길이, 크기, 무게 등을 비교해 본다.	일상생활에서 길이, 크기, 무게, 들이 등의 속성을 비교하고, 순서를 지어 본다.
				임의 측정단위를 사용하여 길이, 면적, 들이, 무게 등을 재 본
	규칙성 이해하기	생활주변에서 반복되는 규칙성에 관심을 갖는다.	생활주변에서 반복되는 규칙성을 알아본다.	생활주변에서 반복되는 규칙성을 알고 다음에 올 것을 예측해 본다.
			반복되는 규칙성을 인식하고 모방한다.	스스로 규칙성을 만들어 본다.
	기초적인 자료수집과 결과 나타내기		필요한 정보나 자료를 수집한다.	
		같은 것 끼리 짝을 짓는다.	한 가지 기준으로 자료를 분류해 본다.	한 가지 기준으로 분류한 자료를 다른 기준으로 재분류해 본다.
				그림, 사진, 기호나 숫자를 사용해 그래프로 나타내 본다.

이상과 같이 유아수학교육의 내용 선정에 대해 학자들마다 조금씩 차이가 있으나 2012년 개정된 3~5세 누리과정(교육과학기술부, 2012)을 토대로 유아수학교육의 내용과 방법을 구체적으로 살펴보면 다음과 같다.

1. 수와 연산

1) 수 개념의 발달

유아들은 그들의 생활주변에서 무수히 수를 접한다. 리모콘, 전화기, 계산기, 전자렌지, 엘리베이터, 컴퓨터키보드, 간판, 자동차번호판, 달력 등을 예로 들 수 있다. 또한 일상생활에서의 수는 생일, 나이, 집주소, 전화번호와 같이 유용한 용도로 사용된다. 따라서 유아는 일찍부터 수를 인식하게 된다. 영아들도 수의 이름을 순서대로 말할 수 있다. 그러나 그 수와 사물을 대응시켜서는 셀 줄 모르거나 그 수가 나타내는 수의 양을 이해하지 못할 수 있다.

Piaget에 의하면 수 개념을 습득하기 위해서는 수의 보존개념이 성립되어야 한다고 보았다. 수의 보존개념은 외형적 변형이나 이동에도 불구하고 그 양이 유지되는 것을 의미한다. 수의 보존개념을 근거로 유아의 수 개념 발달단계를 살펴보면 다음과 같다(Piaget, 1952).

〈1단계〉 직관적 비교

두 집단의 수를 비교할 때 일대일 대응을 하지 못하고 사물이 차지하는 공간의 넓이나 길이와 같이 지각적으로 두드러진 특징만을 고려하여 사물의 양이 많고 적음을 판단한다. 예를 들어 바둑알 5개씩 똑같은 양의 두 집단이 있을 경우 두 집단 중 한쪽 집단의 바둑알의 간격을 길게 했을때 일대일 대응을 하지 못하고 긴 쪽이 더 많은 수의 양이 있다고 생각한다.

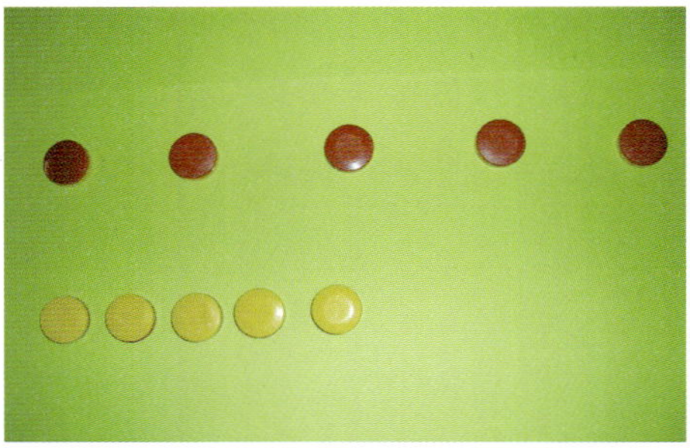

〈빨간색 바둑알이 노란색 바둑알보다 많다고 생각함〉

〈2단계〉 직관적 대응

두 집단의 사물끼리 일대일 대응을 할 수 있으나 대응해야 할 사물이 많아 대응이 힘들 경우 직관에 의해 두 집단의 사물의 양을 판단한다.

〈빨간색 바둑알과 노란색 바둑알의 양이 같다고 생각함〉

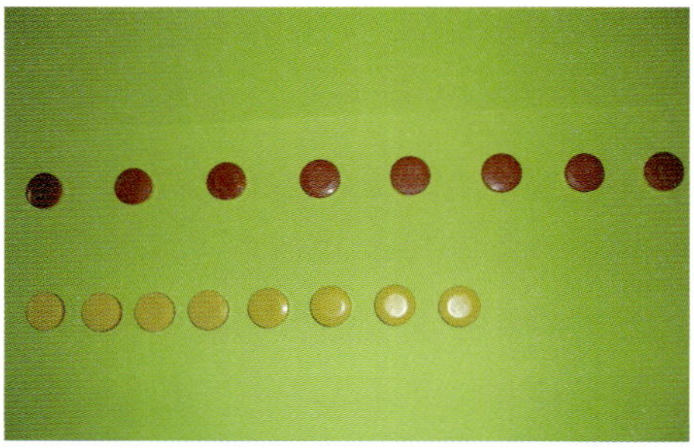

〈빨간색 바둑알이 노란색 바둑알보다 많다고 생각함〉

〈3단계〉 조작적 대응

두 집단의 사물끼리 일대일 대응을 할 수 있으며 직관에 의존하지 않고 사물의 공간적 배열을 고려하여 두 집단의 사물의 양에 대한 비교가 가능하다.

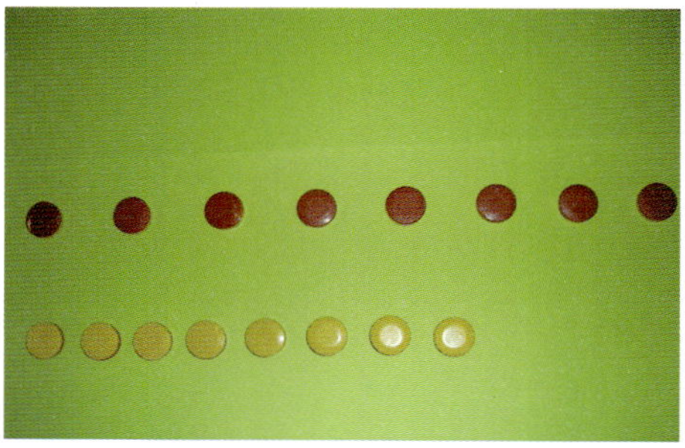

〈빨간색 바둑알과 노란색 바둑알의 양을 같다고 생각함〉

2) 수 개념의 내용과 방법

(1) 수 인식

수 인식은 일상생활 속에서 활용되는 수의 여러 가지 의미를 이해하는 것이다. 수는 수세기 맥락, 기수 맥락, 서수 맥락, 임의적 맥락, 측정 맥락 등으로 다양하게 사용된다(이지현, 2002; 이정욱 · 유연화, 2006). 유아들은 각기 다른 맥락에서 수 이름이 사용되는 반복적인 경험을 통해 같은 수 이름이더라도 서로 다른 것을 의미함을 인식하게 된다(Husion & Hall, 1983).

수세기 맥락(counting context)에서의 수는 실제 사물과 수 이름을 대응하는 것을 의미한다. 예를 들어 오렌지껍질 속에 들어있는 알맹이의 수를 세거나 계단을 오르면서 계단의 수를 세는 것이 이에 해당한다. 이때 유아는 수 이름을 말하면서 손가락을 사용하거나 고개를 끄덕이는 다양한 방법으로 대응을 하며 겹쳐세기나 건너뛰기 등의 실수를 하기도 한다.

기수 맥락(cardinal context)에서의 수는 모여 있는 사물의 수를 세었을 때 수량을 의미한다. 예를 들어 다리 두 개, 손가락 열 개, 강아지 다섯 마리 등이 이에 해당한다.

서수의 맥락(ordinal context)에서 수는 사물들의 집합 안에서 대상의 상대적인 위치나 순서를 의미한다. 예를 들어 키 순서, 육상경기의 등수, 요리활동의 순서 등이 이에 해당한다.

임의적 맥락(non-numerical context)에서의 수는 사람, 사물, 장소의 명칭을 말하는 대신 수로 그 대상을 나타내는 것을 의미한다. 예를 들어 전화번호, 출석번호, 자동차번호 등이 이에 속한다.

측정 맥락(measure context)에서의 수는 길이, 무게, 부피, 면적 등 측정단위의 수를 의미한다. 측정 맥락에서의 수를 이해하기 위해서는 재고자하는 사물의 특성에 맞는 측정단위와 측정도구의 정확한 이해가 필요하다.

수 인식을 하기 위해서는 먼저 숫자의 모양이 서로 다르다는 것을 알고 숫자를 구별할 수 있어야 한다. 예를 들어 유아들은 1과 7, 2와 5, 6과 9 등의 숫자모양을 혼동할 수 있다. 뿐만 아니라 숫자모양을 보고 수 이름을 말하고 이에 해당하는 수의 양이 얼마인지 알아야 한다. 대개 4세 이전까지의 유아들은 수 이름을 말하고 숫자의 모양을 인식하더라도 그 수에 알맞은 수의 양을 이해하지 못할 수 있다. 예를 들어 30까지 수를 암송할 수 있는 유아가 과자 5개를 식탁 위의 접시에 놓아보도록 하면 그 수에 맞게 과자를 가져오지 못할 수 있다.

따라서 수 인식을 위해 다음과 같은 사항을 고려하여 지도하도록 한다.

첫째, 일상생활 속에서 수를 발견하고 조작해 본다. 예를 들어 전화기, TV리모콘, 계산기, 컴퓨터 등에서 숫자를 발견하고 이를 조작하여 화면에 나타나는 숫자를 확인해 보도록 한다.

〈TV리모콘〉

〈계산기〉

둘째, 일상생활에서 수를 활용해 본다. 예를 들어 놀이에 참여하기 위해 역할영역의 인원수를 파악하거나 생일인 사람의 나이만큼 케이크에 초를 꽂거나 컴퓨터 게임을 위해 순서를 정하는 일이 이에 속한다.

셋째, 자신과 관련된 숫자를 말하기, 쓰기, 만들기, 신체활동 등의 여러 가지 방법으로 표현해 본다. 자신의 생년월일, 나이, 집주소, 전화번호를 말하거나 쓰기, 색모루나 점토로 숫자 만들기, 몸으로 숫자 표현하기 등을 예로 들 수 있다.

〈색모루로 만든 숫자〉

〈몸으로 만든 숫자 8〉

넷째, 숫자카드, 끼우기 블록, 숫자모양, 바둑알, 수 인식 교구 등 다양한 자료 및 교구를 사용하도록 한다.

- 숫자카드- 처음 숫자를 배우는 유아들에게는 색깔과 크기를 동일하게 하여 학습이 가능하도록 한다.

- 숫자카드와 끼우기 블록, 수모양과 바둑알, 수 인식교구- 수 이름, 숫자의 모양, 수량을 연결시켜 학습이 가능하도록 한다.

〈수 이름과 숫자모양 카드 및 끼우기 블록〉

〈숫자모양과 바둑알〉

〈숫자모양, 수 이름, 수량과의 관계인식 교구〉

(2) 일대일 대응

일대일 대응(one to one correspondence)은 한 집단과 다른 집단의 사물을 하나씩 짝지을 수 있는 것을 의미한다. 일대일 대응은 수세기를 하는데 기초가 되는 개념으로 다음과 같은 사항을 고려하여 유아들을 지도하도록 한다.

첫째, 일상생활에서 일대일 대응을 경험하도록 한다. 예를 들어 간식시간에 간식 당번인 유아가 다른 유아들에게 컵, 접시, 요구르트, 빵 등을 각각 하나씩 전달하거나 화장실의 수건걸이에 각자의 수건을 걸거나 칫솔걸이에 칫솔을 하나씩 걸어 놓는 것이 이에 속한다.

〈간식시간에 간식자리 1곳에 요구르트 1개씩, 간식접시 1개에 빵 1개씩 일대일 대응으로 짝지어 놓은 모습〉

〈칫솔걸이에 칫솔을 하나씩 걸어 놓은 모습〉

둘째, 일대일 대응과 관련된 자료 및 교구를 제공한다. (예: 페그보드, 패턴블록, 교구)

〈구멍 하나에 꽂는 것을 하나씩 넣는 페그보드〉

〈도형 밑그림에 맞는 도형을 하나씩 대응하는 패턴블록〉

〈보석 밑그림에 같은 모양의 보석을 대응시키는 교구〉

셋째, 유아가 대응해야 할 사물들을 잘 구별을 할 수 있도록 같은 사물들끼리 대응시키는 것보다 다른 사물들끼리 대응하도록 한다.

넷째, 대응해야 할 사물의 개수가 너무 많으면 유아가 사물을 건너뛰고 대응하거나 대응자체를 어려워할 수 있으므로 처음 일대일 대응을 시작할 때에는 5개 정도로 시작해서 차츰 대응할 사물의 수를 늘려가도록 한다.

다섯째, 대응해야 할 사물의 개수가 같고, 대응해야 할 사물들을 서로 붙일 수 있거나 선으로 연결할 수 있을 때 대응하기가 쉽다.

〈대응할 사물들끼리 붙여서 대응하는 교구〉

〈대응할 대상과 사물끼리 선으로 연결한 교구〉

(3) 수세기

수세기는 기계적 수세기(rote counting)와 합리적 수세기(rational counting)로 나누어 볼 수 있다. 기계적 수세기는 2~3세 유아들이 주로 사용하며 숫자의 이름을 암기하여 순서대로 말할 수 있는 것을 의미한다. 기계적 수세기는 사물을 하나씩 수 이름과 대응시키는 것이 아니므로 기계적 수세기에 익숙한 유아가 사물을 셀 경우 같은 사물을 중복하여 세거나 건너뛰고 세는 실수를 할 수 있다.

합리적 수세기는 수 이름을 사물과 하나씩 대응하면서 순서대로 말할 수 있는 것으로 사물과 대응없이 수 이름을 말하는 기계적 수세기보다 눈, 손, 기억의 협응능력이 필요하므로 4~5세가 되어야 가능하다. 합리적 수세기에 필요한 원리를 살펴보면 다음과 같다(Gelman & Gallistel, 1978; Smith, 1997).

첫째, 안정된 순서의 원리로 수 이름을 순서대로 암기하여 말할 수 있는 것을 의미한다. 예를 들어 1, 2, 3, 6, 5, 4와 같이 순서를 뒤바꾸지 않고 1, 2, 3, 4, 5, 6, 7이라고 순서대로 수 이름을 나열할 수 있는 것을 말한다.

둘째, 일대일 대응의 원리로 수 이름을 사물 하나에 한 번씩 대응하면서 순서대로 말할 수 있는 것을 의미한다. 유아들이 처음 사물을 세는 경우 사물을 일렬로 나열하여 시각적으로 세기 편하도록 한다. 또한 사물을 셀 때 손가락으로 가리키며 세도록 하고 이미 세어놓은 사물은 옆쪽에 밀어놓아 겹치거나 뛰어넘고 세지 않도록 한다.

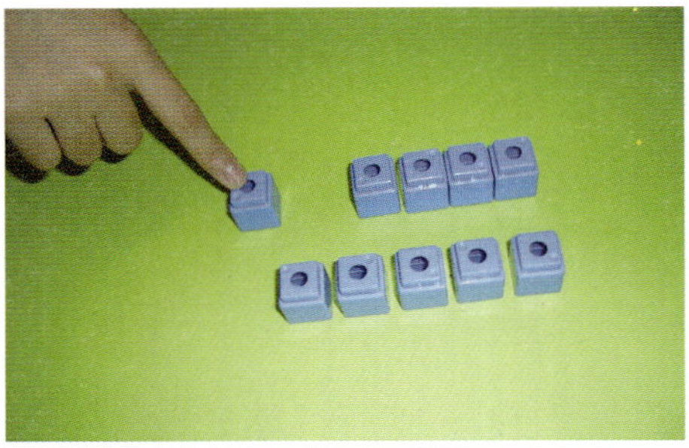

셋째, 기수의 원리는 사물의 수를 셀 때 마지막에 말하여진 수 이름이 마지막 수인 동시에 그 집합의 전체수량을 나타낸다는 것을 이해하는 것이다. 예를 들어 "거기 사과가 몇 개가 있니?"라고 유아에게 물었을 때 유아가 즉각적으로 올바른 답을 말하거나 수를 세면서 마지막 수 이름을 강조할 때 어느 정도 기수의 개념을 이해했다고 볼 수 있다.

위의 세 가지 원리는 '세는 방식'과 관련이 있고 다음 두 가지 원리는 '세는 대상'과 관련이 있다.

넷째, 추상화의 원리는 세어야 할 대상이 직접적으로 지각이 가능한 사물이 아니라 경험, 사건 등과 같이 추상적인 사실이어도 셀 수 있으며 같은 사물이 아닌 서로 다른 사물들로 구성된 집합의 수도 셀 수 있음을 의미한다. 예를 들어 이번 주에 맑은 날이 몇 번 있었는지 셀 수 있는 것, 한 울타리 안에 송아지, 오리, 강아지가 몇 마리 있는지 셀 수 있는 것이 이에 속한다.

다섯째, 순서무관의 원리로 수세기를 할 때 위에서 아래로, 아래에서 위로, 오른쪽에서 왼쪽, 왼쪽에서 오른쪽으로 어느 방향으로 시작을 해도 수의 양은 변하지 않는 다는 것을 의미한다.

우리나라의 유아들은 대개 4세가 되면 1에서 10까지 기계적 수세기나 합리적 수세기를 할 수 있다(나귀옥, 2002; 이정욱 · 안경숙 · 김소향, 2001). 홍혜경(2004)은 5~6세의 유아들은 30까지 수를 셀 수 있고 그 이상의 큰 수를 세는데도 관심을 가진다고 하였다. 10이상의 큰 수는 1~9까지 수세기에서 사용된 수 이름이 반복된다. 따라서 유아들이 반복되는 패턴을 인식하도록 10을 한묶음으로 하여 수를 세고 수 이름을 말해봄으로써 큰 수를 이해하는데 도움을 줄 수 있다(이정욱 · 유연화, 2006). 예를 들어 끼우기 블록과 같은 구체물을 사용하여 14를 10 한 묶음과 4로 만들고 '십 사' 라고 수 이름을 말해 본다. 수세기를 할 때의 지도방법은 다음과 같다.

첫째, 일상생활 속에서 수세기를 경험하도록 한다. 간식시간에 친구들의 수만큼 세어보고 접시, 컵, 간식 등을 나눠주기, 귤이나 오렌지 속에 들어 있는 과일조각의 수세기, 바깥에서 주은 꽃잎의 수세기, 자유선택 영역의 인원수만큼 들어가기 등을 예로 들 수 있다.

〈조형영역의 인원수 표시〉

〈오렌지 알맹이 수세기〉

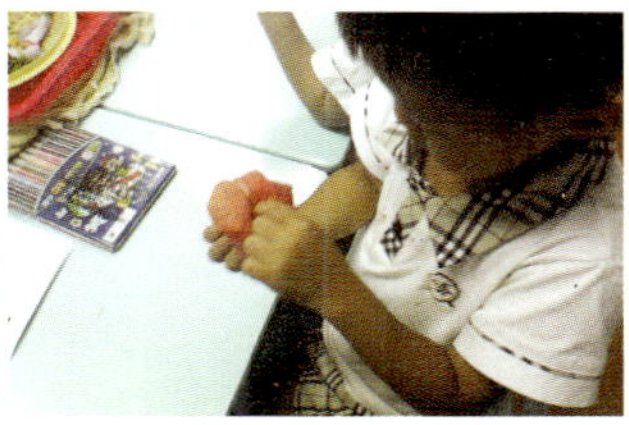

〈꽃잎의 수세기〉

둘째, 수세기와 관련된 노래(열작은 인디언, 숫자송, 숫자풀이 등), 손유희(쥐사냥)를 활용하여 수를 암송하면서 손가락이나 사물과 대응하여 수세기가 가능하도록 한다.

〈'쥐사냥' 손유희 가사와 합리적 수세기를 도와줄 보조도구인 장갑〉

셋째, 우리나라에서는 한글과 한자를 혼용하여 사용하므로 수 이름도 일은 하나, 이는 둘, 삼은 셋 등으로 함께 사용된다. 따라서 각각의 용어가 사용되는 예를 자주 제시해 주어 혼돈이 없도록 도와주도록 한다. 예를 들어 일 년, 이 년, 삼 년과 같이 뒤에 한자 용어가 붙는 경우 수 이름도 한자로 사용하고 한 살, 두 살, 세 살과 같이 뒤에 한글을 사용할 경우 수 이름도 한글로 부르도록 한다.

넷째, 여러 가지 수세기 자료 및 교구를 활용한다.

〈수세기와 관련된 동화교구〉

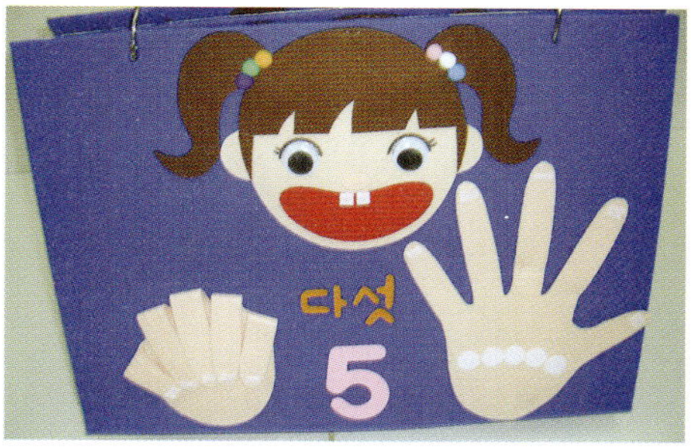

〈손가락을 활용한 수세기 교구〉

〈과일열매 따기 수세기 교구〉

다섯째, 일상생활에서 친숙한 10 이상의 큰 수를 세어보는 경험을 한다. 예를 들어 면봉 1통, 클립 1상자, 사탕 1봉지 등 많은 양을 묶어 파는 물건들의 수량을 예측하고 직접 세어보는 활동, 어른의 나이를 알아보는 활동, 가게에서 물건을 살 때 돈을 주고받는 활동 등을 통해 유아가 큰 수에 관심을 가지도록 한다.

여섯째, 큰 수를 셀 때 하나씩 세기보다는 10씩 묶어세기를 통해 10단위의 수 이름(십, 이십, 삼십, 사십, 오십)을 학습하고 큰 수의 끝자리가 1~9까지 반복되는 패턴임을 이해하는데 도움을 줄 수 있다.

(4) 수의 관계

① 집합의 크기 비교

유아들은 수와 그 수가 나타내는 수량을 인식하게 되면서 수들 간의 관계를 이해하게 된다. 즉, 앞에 오는 수의 양이 더 작으며 뒤로 갈수록 수의 양이 더 커진다는 것을 알게 되는 것이다(이정욱 · 유연화, 2006). 또한 유아들은 수들 간의 관계뿐 아니라 어느 집합의 사물이 더 많은지 또는 더 적은지, 같은지 크기를 비교하는데 관심을 갖기 시작한다. 3세 유아들은 한 개의 사물과 여러 개의 사물의 차이를 인식하기 시작하고 3세 후반이 되면서 2와 6같이 두 집합 간의 차이가 클 경우 어느 것이 많고 적은지 알아낼 수 있다.

또한 5세 반경이 되면 일대일 대응을 통해 두 집합의 사물들을 짝지어 집합의 크기를 비교할 수 있게 된다(Greenberg, 1993; Kamii, 1982; Schickedanz et al., 1997). 따라서 '어느 것이 더 많은지, 더 적은지 또는 같은지' 와 같이 두 집합 간의 크기를 비교하기 위해 다음과 같이 지도하도록 한다(교육과학기술부, 2008).

첫째, 처음에는 두 집합 간의 차이가 커서 시각적으로 수량의 많고 적음에 대한 크기비교가 용이하도록 하고 점차 두 집합 간의 차이가 적은 집합들의 크기를 비교하도록 한다.

〈검은색 고양이와 황토색 고양이의 집단수량 비교〉

둘째, 집합의 크기를 비교할 때 일대일 대응 및 수세기를 활용하도록 격려한다.

셋째, 유아에게 주어진 사물의 수와 같은 수의 집합을 만들어 보도록 한다.

② 수의 부분과 전체관계

수의 부분과 전체관계는 집합의 수가 두 개 또는 그 이상의 부분들로 구성될 수 있음을 아는 것이다(이정욱 · 유연화, 2006). 유아가 수의 부분과 전체관계를 이해하기 위해서는 집합의 수를 하나씩 세기보다 다양한 구체물들을 사용하여 10 이하의 작은 수를 여러 하위부분으로 나누어보는 경험을 제공하는 것이 필요하다. 예를 들어 바둑알, 돌, 블록 등을 사용하여 유아가 5를 1과 4, 2와 3, 1과 2와 2 등 다양한 경우의 수로 구성해 보고 다시 세어보도록 한다. 또한 서로 구성한 부분들을 보면서 비교해 볼 수 있다.

수의 부분과 전체관계를 이해하는데 도움을 주는 활동을 구체적으로 살펴보면 다음과 같다.

〈1〉 **전체를 다른 개수로 나누어보는 활동**- 더하기와 빼기 개념을 이해하는데 도움이 된다.

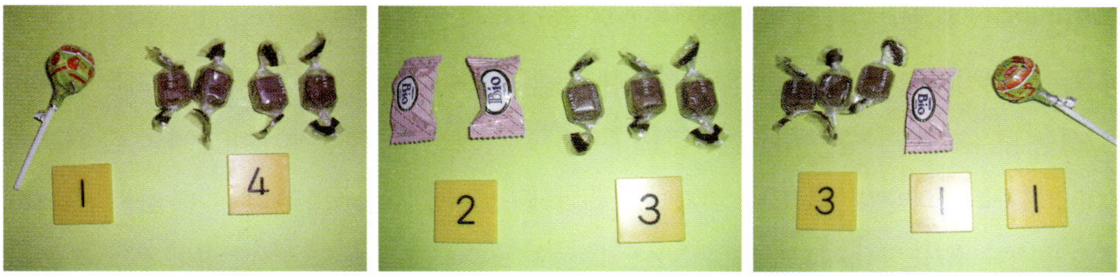

〈숫자 5를 2부분 또는 3부분으로 나누기〉

〈숫자 10을 4부분으로 나누기〉

〈2〉 **전체를 같은 개수로 나누어 보는 활동**- 곱하기와 나누기를 이해하는데 도움이 된다. 아래 사진은 사탕을 2개씩 3묶음씩 묶어 6개의 사탕을 만드는 곱하기의 개념을 의미하기도 하고(2×3=6), 6개의 사탕을 3명이 2개씩 똑같이 나누어 보는(6÷3=2) 나누기의 개념을 의미하기도 한다.

〈사탕을 2개씩 3묶음으로 만들거나 사탕 6개를 3명이 똑같은 개수로 나누어보는 활동〉

(5) 더하기와 빼기

유아들은 유치원 자유선택시간에 활동영역의 인원수에 맞게 몇 명이 더 들어가야 하는지 또는 몇 명을 더 빼야 하는지 알아보는 상황, 간식시간에 6명의 유아에게 컵을 나눠주어야 하는데 컵을 4개만 가져왔을 때 몇 개 더 가져와야 하는지 알아보는 상황 등 일상생활에서 자연스럽게 더하고 빼는 경험을 하며 나름대로의 전략을 사용하기도 한다(Carpenter & Moser, 1982). 예를 들어 유아들은 더하기와 빼기 활동을 할 때 구체적 사물을 사용할 수 없을 경우 손가락을 사용하여 더하거나 빼면서 수량의 변화를 이해한다. 이는 유아들이 정신적 수세기로 전환하기 전 중간과정에서 사용하는 전략 중의 하나이다.

Wynn(2000)은 생후 5개월의 어린 영아들도 1개에 1개를 더하면 2개가 되는 것을 인식할 수 있다고 하였다. 또한 Gelman과 Gellistel(1978)는 2세에서 4세의 어린 유아들은 더하기와 빼기의 계산은 하지 못하지만 더하고 뺌으로써 수량의 변화를 이해할 수 있는 것으로 보았다.

유아는 4~5세경에 비형식적인 더하기나 빼기를 통해 여러 가지 전략을 사용하는데 유아들이 사용하는 더하기와 빼기 전략을 살펴보면 다음과 같다.

① 더하기전략

더하기는 사물이나 대상을 합하였을 때 몇 개가 되는지를 아는 것으로 '더하다', '모두 몇 개' 등의 용어를 습득할 수 있다. 유아들이 사용하는 더하기전략을 살펴보면 다음과 같다.

- 두 집합의 수를 전부 합하여 처음부터 모두 세기(counting-all)

  ○ ○ ○ + ● ● → ○ ○ ○ ● ●

  3 2 1 2 3 4 5

- 두 집합의 수 중 특정수에서 시작하여 이어세기(counting-on)

  ○ ○ ○ + ● ● → ○ ○ ○ ● ●

  3 2 3 4 5

② 빼기전략

빼기는 사물을 뺐을 때 몇 개가 남았는지 알아보거나 두 집단에 포함된 사물들의 수량이 얼마나 차이가 나는지 파악하는 것으로 '빼다', '나머지', '~보다 많은, ~보다 적은' 등의 비교용어를 습득할 수 있다. 유아들이 사용하는 빼기전략을 살펴보면 다음과 같다.

• 빼는 수(큰 수)에서 빼어지는 수(작은 수)를 덜어내고 세기(seperating from)

○ ○ ○ ○ ○ - ● ● → ○ ○ ○ ● ● → ○ ○ ○

5 2 5에서 2만큼 덜어냄 1 2 3

• 빼는 수(큰 수)에서 빼어지는 수(작은 수)의 양만큼까지 거꾸로 세어내려 가기(counting-down)

○ ○ ○ ○ ○ - ● ● → ● ● ○ ○ ○

5 2 5 4 3

유아들의 더하기와 빼기개념 습득을 돕기 위해 다음과 같은 사항을 고려하여 지도하도록 한다.

첫째, 더하기와 빼기활동을 할 때 '+, −, =, 〉, 〈' 등의 기호 등을 사용할 수 있으나 전조작기 유아들에게 숫자와 기호 간의 관계를 이해시키는 것이 어려울 수 있다. 따라서 처음에는 구체적 사물을 가지고 더하거나 빼보는 활동을 통해 사물의 수량변화를 경험하도록 한다.

둘째, 유아들에게 숫자와 기호와 같은 상징을 사용한 더하기와 빼기활동을 제공할 경우 바둑알이나 끼우기 블록 같은 일정한 크기와 모양을 가진 사물이나 그림이 들어간 수카드를 함께 제시하여 유아의 이해를 돕도록 하여야 한다.

〈바둑알을 사용한 더하기〉

〈그림카드를 사용한 더하기〉

셋째, 일상생활 속에서 더하고 빼는 경험을 하도록 한다. 예를 들어 가게놀이에서 물건을 사고 팔 때 팔린 물건의 개수를 알아보기, 과녁 맞추기 게임을 할 때 우리 팀이 맞춘 과녁의 점수를 합하거나 다른 팀이 맞춘 과녁의 수와 차이를 비교해 보기 등을 통해 더하고 빼는 경험을 할 수 있다.

〈사탕가게 놀이에서 처음 사용한 사탕의 개수에서
남은 사탕의 개수를 빼어 팔린 사탕의 개수 알아보기〉

〈과녁 맞추기 게임을 통해 우리 팀 점수의 합과
다른 팀과의 점수 차이 비교하기〉

넷째, 적절한 교구를 통해 더하기와 빼기개념 습득을 돕는다.

〈수와 기호, 구체물을 사용하여 더하기 개념의 이해를 돕는 교구〉

〈더해서 합이 5인 그림카드를 짝지어 보는 교구〉

2. 공간

1) 공간개념의 발달

유아들의 공간개념 발달은 4세 이전부터 이루어진다(Piaget & Inhelder, 1956, 1967). 4세 이전부터 유아들은 안과 밖, 열리고 닫혀있는 것, 떨어지거나 붙어있는 것에 대한 개념을 습득하기 시작한다. 그러나 유아가 관찰한 사물을 그림으로 표현하도록 하면 크기나 방향의 속성을 고려하지 못해 머리와 몸의 크기를 거의 비슷하게 그려 놓거나 옆이나 위 또는 아래쪽에서 본 그림은 표현하지 못한다.

4세부터 7세 사이의 유아는 사물과 사물 간의 공간관계(위치, 방향, 거리)를 인식하기 시작한다. 유아들은 처음에 공간에 있는 사물들을 보고 단순히 나열하는 방법으로 사물 간의 공간관계를 표현한다. 예를 들어 찍은 사진을 보고 사물이 어디 있는지 물어보면 '나무가 있어요. 공이 있어요. 강아지가 있어요' 라고 말한다. 그러나 점차 사물 간의 위치, 방향, 거리를 고려하여 표현할 수 있게 된다. 이때 자신의 관점에서 사물 간의 공간관계를 표현할 수 있으며 이후 타인의 관점에서도 사물 간의 공간관계를 표현할 수 있게 된다. 예를 들어 처음에는 '나는 책상 앞에 앉아있다. 내 옆에는 피아노가 있다' 와 같이 사물의 위치를 자신의 관점에서 표현하나 점차 '수민이 앞에 피아노가 있고 수민이 옆에 선생님이 앉아있다' 와 같이 타인의 관점에서도 사물의 위치를 표현할 수 있게 된다.

2) 공간개념의 내용과 방법

공간개념은 위치(위, 아래, 옆, 앞, 뒤), 방향(위쪽, 아래쪽, 앞쪽, 뒤쪽, 오른쪽, 왼쪽), 거리(가깝다/멀다)를 포함한다. 유아들은 처음에 공간관계를 자신의 관점에서 인식하고 표현하기 시작하고 점차 타인의 관점에서 표현할 수 있게 된다. 예를 들어 '나는 예진이와 가까이 있고, 수민이와는 멀리 있다' 라고 자신의 관점에서 표현을 하다가 '수민이는 서정이와 가까이 있고 예진이와는 멀리 있다' 라고 타인의 관점에서 표현할 수 있게 된다.

공간개념 발달을 위한 지도방법은 다음과 같다.

첫째, 일상생활에서 사물의 위치, 방향, 거리에 관한 질문을 통해 유아들이 반응하도록 함으로써 공간개념 습득에 도움을 주도록 한다.

예를 들어 "미경아! 미술영역 책상 위에 있는 색연필통 좀 가져다 주겠니?" 또는 "교실문에서 가장 가까운데 앉은 친구가 기린반 선생님께 이것 좀 전해주겠니?" 와 같이 질문을 통해 유아가 직접 사물을 가져오거나 사물을 다른 사람에게 전달하도록 함으로써 공간에 대한 용어와 개념습득에 도움을 주도록 한다.

둘째, 유아들이 어떤 지점을 말로 설명하는 것에서부터 점차 다양한 방법으로 위치, 방향, 거리를 표현할 수 있도록 돕는다. 예를 들어 '조작영역 앞' 과 같이 유아가 있는 지점을 말로 설명하는 것에서부터 시작하여 집, 사람, 나무, 자동차 등의 모형 장난감을 배치하여 우리 동네 만들기, 교실의 흥미영역 지도 그리기 등의 여러 가지 방법으로 표현하도록 하여 심적 지도(mental map)를 형성할 수 있도록 돕는다.

셋째, 공간개념의 이해를 도울 수 있는 다양한 교구와 활동을 제공한다.

- **교구**- 오른쪽/왼쪽, 안/밖, 앞/뒤, 위/아래 등의 개념이해를 위한 교구

• **활동**- 오자미 넣기 게임, 장애물 통과게임, 사방 치기 게임 등은 왼쪽/오른쪽, 안/밖, 가깝다/멀다의 개념습득에 도움이 된다.

〈오자미 넣기 게임〉

〈장애물 통과게임〉

〈사방 치기 게임〉

넷째, 유아가 처음에는 자신의 관점에서 공간관계를 파악하도록 하다가 점차 타인의 관점에서 공간관계를 파악할 수 있도록 돕는다. 예를 들어 교사가 줄을 세울 때 유아가 두 가지 관점에서 대답을 할 수 있도록 질문할 수 있다. "정현아! 네 앞에 있는 친구는 누구니?" 라는 질문을 하였을 경우 유아는 "내 앞에 있는 친구는 미정이예요" 라고 자신의 관점에서 대답을 할 수 있으며 또한 "윤지야! 지금 소희 뒤에는 누가 있니?" 라고 질문을 하였을 경우 유아는 "소희 뒤에 효비가 있어요" 라고 하면서 타인의 관점에서 대답할 수 있다.

다섯째, 대상이나 사물을 다양한 관점에서 관찰하고 표현해 보도록 한다. 예를 들어 같은 대상이나 사물을 앞, 뒤, 옆, 위에서 볼 때 어떻게 다른지 그림으로 표현해보도록 하거나 여러 위치, 방향, 거리에 있는 대상이나 사물들의 사진을 보고 유아가 대답해 보도록 한다.

• 같은 대상이나 사물의 앞, 옆, 위에서 본 사진

〈컵의 앞〉

〈컵의 옆〉

〈컵의 위〉

- 여러 위치, 방향, 거리에 있는 대상이나 사물의 사진

〈거리(가깝다/멀다)→파란색 블록은 키티인형과 가깝고 곰인형과는 멀리 있다.
위치(위/아래)→곰인형 아래에 키티인형이 있고
파란색 블록 위에 키티인형이 있다 〉

3. 도 형

1) 도형개념의 발달

도형은 입체도형과 평면도형으로 나눌 수 있다. 입체도형에는 구, 원기둥, 원뿔, 정육면체, 직육면체, 타원체, 삼각기둥, 삼각뿔 등이 있고 평면도형에는 원, 삼각형, 정사각형, 평면사변형, 마름모, 사다리꼴, 타원형 등이 있다.

〈입체도형: 구, 타원체, 원기둥, 삼각기둥, 직육면체, 정육면체, 원뿔〉

〈평면도형: 이등변삼각형, 직사각형, 정사각형, 정삼각형, 원〉

유아들은 주변에 있는 사물의 다양한 형태를 관찰하고 그 안에서 도형을 발견하고 명명할 수 있으며 그림이나 구성활동으로 표현할 수 있다. Van Hiele는 도형개념의 발달을 5개의 단계로 나누고 있는데 일반적으로 유아기는 0에서 2단계까지로 볼 수 있다(Fuys & Lievov, 1993; Smith, 1997).

〈단계 0〉 시각화

사물의 형태를 인식하고 명칭을 말하는 단계이다. 이 시기에는 유아가 시각적으로 인식한 사물의 전체적인 형태에 대해 말할 수 있으나 점, 선, 면과 같은 구체적인 특성에 대해서는 표현하지 못한다. 예를 들어 컴퓨터의 모니터나 책을 보고 '네모'라고 말할 수 있다.

〈단계 1〉 분석 및 설명

도형의 점, 선, 면 등과 같은 구체적 특성을 인식하고, 설명할 수 있다. 예를 들어 네모는 점 4개와 선 4개로 이루어져 있다는 것을 표현할 수 있다.

〈단계 2〉 분류

여러 가지 도형이 가진 공통점과 차이점을 비교하고 같은 특성을 가진 도형이 속한 집단을 찾아보거나 같은 특성을 가진 도형끼리 모을 수 있다. 정사각형과 직사각형을 비교하고 점이 4개, 선이 4개라는 공통점을 발견할 수 있으며 이들이 사각형에 속해 있다는 것을 알 수 있고 4개의 선이 같은 것이 정사각형이고 2개의 선만 같은 것이 직사각형이라는 차이점을 발견하고 정사각형집단과 직사각형집단으로 구별하여 분류할 수 있다.

2) 도형개념의 내용과 방법

영아들은 감각기관과 신체를 사용하여 사물이 가진 형태의 특성을 파악한다. 예를 들어 영아는 공을 손에 쥐어보거나 입으로 가져가고 굴려보면서 둥근 공의 특성을 파악하게 된다. 또한 이러한 방법으로 네모난 블록과 같은 다른 사물이 가진 형태의 특성도 파악하게 된다. 점차 여러 가지 사물이 가진 형태의 특성을 파악하면서 공통점과 차이점을 비교하게 되고 같은 형태를 가진 사물끼리 분류할 수 있게 된다. 유아의 도형개념 습득을 위한 지도방법은 다음과 같다.

첫째, 유아의 주변에서 사물의 형태를 발견하고 명명할 수 있도록 돕는다. 이때 원, 사각형, 삼각형이라는 형식적 용어보다는 동그라미, 네모, 세모와 같이 유아가 알아듣기 쉬운 일상적인 용어를 사용하도록 한다. 예를 들어 "저기 벽에 걸린 시계처럼 우리 교실에서 동그라미 모양으로 된 물건을 찾아보도록 하자"라고 하여 유아가 여러 가지 형태에 대해 관심을 갖고 발견한 형태에 대해 말할 수 있도록 도울 수 있다.

둘째, 유아가 가지고 노는 장난감(플라스틱블록, 공, 트라이앵글, 탬버린)이나 유아주변에서 흔히 볼 수 있는 사물(화장품 통, 휴지속대, 상자)을 사용하여 사물의 형태에 대한 특성을 쉽게 파악하도록 한다. 이때 평면도형보다는 입체도형으로 구성된 사물을 제공하여 각 사물의 형태에 대한 구체적 특성을 이해하기 쉽도록 한다. 예를 들어 공이나 상자를 만져보거나 굴려보면서 공은 둥글고 잘 굴러가며, 상자는 평평한 면으로 되어 있고 모서리가 있으며 잘 굴러가지 않는다는 특성을 탐색할 수 있도록 한다.

- 주변사물이나 장난감에서 볼 수 있는 평면도형

〈원: 시계〉

〈삼각형: 트라이앵글〉

〈사각형: 공책〉

- 주변사물이나 장난감에서 볼 수 있는 입체도형

〈구: 공〉

〈구, 삼각기둥, 원기둥: 블록〉

〈정육면체: 화장품 상자〉

셋째, 주변에서 같은 모양을 가진 것끼리 모아본다. 예를 들어 동그라미 모양을 가진 탬버린, 짝짝이, 심벌즈. 마라카스 등의 리듬악기들끼리 모아볼 수 있다.

〈원: 탬버린, 짝짝이, 심벌즈, 마라카스〉

넷째, 지오보드와 고무줄, 칼라점토와 모양 찍기 도구 등을 사용하여 여러 가지 모양을 만들어본다.

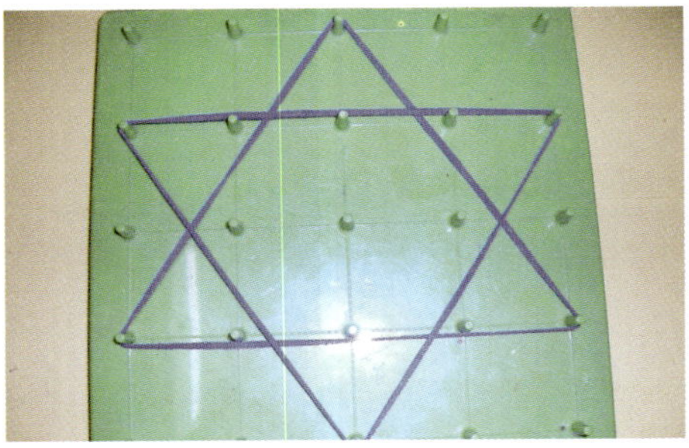

〈지오보드와 고무줄〉

〈칼라점토와 모양 찍기 도구〉

다섯째, 여러 가지 기본도형을 합쳐서 다른 도형을 구성해 본다. 예를 들어 정삼각형 4개와 마름모 1개를 합쳐 육각형을 만들거나 마름모 4개와 정삼각형 4개를 사용하여 별을 만들 수 있다. 유아들은 어떻게 도형이 결합될지 변화할 형태에 대한 이미지를 형성하고 이미지 속에서 도형을 옮기기, 뒤집기, 돌리기와 같은 도형이동을 할 수 있는 공간시각화능력을 향상시킬 수 있다. 따라서 유아가 도형을 구체적으로 조작해 보면서 변화시켜보는 경험이 충분히 일어나도록 돕는다(교육과학기술부, 2008).

여섯째, 패턴블록, 색종이, 상자 등을 이용하여 여러 가지 형태를 구성해 보는 활동을 제공한다.

- 사다리꼴, 평행사변형, 삼각형, 마름모, 육각형 등의 패턴블록을 사용하여 돌고래를 구성해 보거나 여러 크기의 정사각형 딱지를 사용해 여러 가지 형태를 구성해 보도록 한다.

• 색종이로 기본도형을 만들고 도형들을 조합하여 사탕, 해, 집, 아이스크림, 선물, 여자, 남자, 눈사람, 로봇, 고깔 쓴 사람, 꽃 등 유아주변에서 볼 수 있는 사물들을 구성하고 그림으로 꾸며보도록 한다.

〈정삼각형, 원, 직사각형, 정사각형 등의 기본도형을 사용하여 구성한 사물들〉

• 여러 가지 상자를 사용하여 다양한 사물을 구성해 본다.

〈상자를 활용한 다용도 서랍장〉

4. 측 정

측정은 사물의 특성을 탐색하고 비교하고 순서 짓는 것에서 시작하여 비교한 차이가 어느 정도인지 알고자 할 때 이루어진다(교육과학기술부, 2008). 측정의 내용과 방법을 살펴보면 다음과 같다.

1) 순서 짓기

(1) 순서 짓기 능력의 발달

순서 짓기는 사물을 공통된 특성의 차이에 따라 순서대로 배열하는 것을 의미한다. 순서 짓기의 개념은 유아가 사물 간의 차이를 인식하고 비교해 볼 수 있는 기회를 많이 가질수록 쉽게 습득하게 된다. 예를 들어 가장 짧은 것에서 가장 긴 것까지 순서대로 늘어놓기, 가장 무거운 것에서 가장 가벼운 것까지 순서대로 배열하기, 가장 큰 것에서 가장 작은 것까지 순서대로 늘어놓기 등의 활동이 있다. 기본자료로는 크기가 다른 상자, 길이가 다른 막대, 지름의 크기가 다른 접시 또는 병뚜껑, 넓이가 다른 색종이 등이 있다.

일반적으로 3~4세 유아를 위한 순서 짓기 자료는 세네 가지 정도가 적당하며 5~6세 유아에게는 처음에 다섯 가지 정도의 사물을 제공하다가 점진적으로 수를 늘리면서 순서 짓기를 하도록 안내하는 것이 바람직하다. 처음에는 길이, 크기, 높이에 의한 순서 짓기를 하다가 점진적으로 부피, 두께, 넓이, 명도, 질감 등에 의한 순서 짓기로 확장되어야 한다.

유아의 순서 짓기 능력의 발달은 사물을 구분하기에서 시작되며, 발달초기에는 두 개의 사물을 가지고 대소비교를 하는 활동에서 시작하여 여러 개의 사물을 비교하는 활동으로 발달해 간다. 연령에 따른 순서 짓기의 능력발달을 다음의 세 가지 단계로 나눌 수 있다(Copeland, 1984; Smith; 1997, 한유미, 2003; 김현자 외 3인, 2008).

첫 번째 단계는 3~4세 시기로 유아들은 사물 간의 차이를 비교할 수 있고 대, 중, 소의 막대를 주었을 때 여러 번의 활동을 통해 순서 짓기를 할 수 있다. 그러나 길이가 다른 막대를 여러 개 주면 순서대로 배열하는데 어려움을 갖는다.

두 번째 단계는 5~6세 시기로 여러 번의 시행착오를 거쳐 여러 개의 막대를 순서대로 배열할 수 있다. 이때 순서 짓기 능력의 불완전한 발달로 길이가 다른 막대를 한쪽 끝만 고려하여 배열하거나 한두 개 정도 빠뜨린 경우 적절한 곳에 놓아보도록 권유를 하면 처음부터 다시 배열을 한다.

세 번째 단계는 6~7세의 시기로 여러 개의 막대를 배열하기 전에 모든 막대의 전체적인 관계를 고려하고 막대의 양쪽 끝을 맞추어 배열을 한다. 또한 A〉B, B〉C, A〉C임을 추론할 수 있고, 큰 것에서 작은 것으로, 작은 것에서 큰 것으로 양방향에서 순서 짓기를 할 수 있다.

(2) 순서 짓기의 내용과 방법

순서 짓기의 유형에는 단순서열, 이중서열, 복합서열이 있으며 그 내용을 살펴보면 다음과 같다.

① 단순서열

단순서열은 세 개 이상의 사물을 길이, 크기, 무게 등 한 가지 속성의 차이에 따라 배열하는 것을 의미한다. 순서 짓기를 할 때 단순히 두 사물을 비교하는 것보다 세 개 이상의 사물을 비교하여 순서짓는 것이 더 어렵다. 왜냐하면 길이가 다른 막대가 세 개 있을 때 한 막대가 앞의 막대보다는 크고 뒤의 막대보다는 작다는 것을 동시에 인식해야 하기 때문이다. 순서 짓기의 능력발달을 위해서는 유아들에게 다음과 같은 경험을 제공하여야 한다.

첫째, 일상생활에서 순서 짓기 경험을 제공할 수 있도록 하고, '~보다 더 크다', '~보다 더 작다' 와 같은 비교어휘를 익힐 수 있도록 질문을 한다. 예를 들어 바깥놀이 시간에 주은 돌멩이를 전시할 때 "어떤 것이 가장 클까?", "어떤 것이 가장 작을까?", "이 돌은 저 돌보다 더 클까? 작을까?" 등의 질문을 통해 유아들이 비교어휘를 익히고 돌멩이를 순서대로 배열해 봄으로써 순서 짓기의 개념을 습득할 수 있다. 이외에도 유아에게 익숙한 블록, 인형모형, 동물모형, 미니카모형들과 같은 장난감과 교구를 사용하여 순서 짓기의 능력을 발달시킬 수 있도록 돕는다. 이때 큰 것에서 작은 것으로, 작은 것에서 큰 것으로 양방향에서 순서 짓기를 해보도록 격려한다.

〈러시아인형 마트료쉬까를 크기에 따라 순서 짓기〉

〈주워온 돌을 크기에 따라 순서 짓기〉

〈주워온 나뭇잎을 크기에 따라 순서 짓기〉

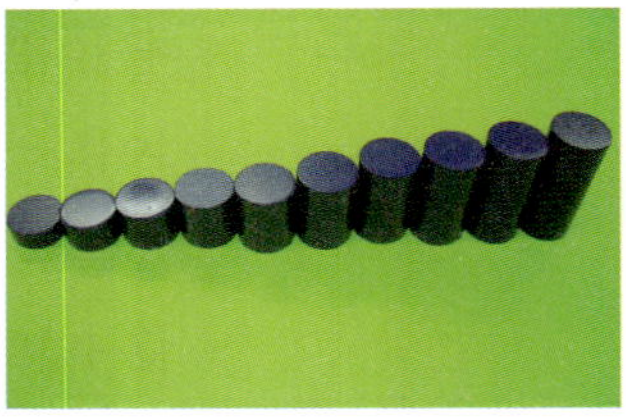

〈원기둥을 높이에 따라 순서 짓기〉

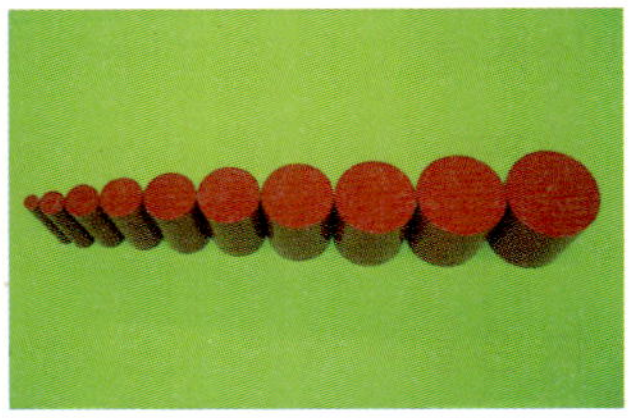

〈원기둥을 지름에 따라 순서 짓기〉

둘째, 사물들 간의 차이를 발견하고 비교해 보는 활동을 해본 후 3개의 사물들을 순서 짓고 점차 사물의 개수를 늘려 순서 지어보도록 한다. 유아가 3개의 사물을 순서를 지을 때 어려워하면 가장 긴 것이나 가장 짧은 것을 고른 후 나머지 2개를 대어 보게 한다. 예를 들어 길이가 다른 연필 3개를 보여주고 "이 연필들은 무엇이 다를까?", "가장 짧은 것은 무엇일까?", "가장 긴 것은 무엇일까?", "이것은 ~보다 길까?/짧을까?" 와 같이 질문을 통해 서로 비교해 볼 수 있는 기회를 제공하고 "가장 긴 연필에서 가장 짧은 연필까지 순서대로 늘어놓을 수 있겠니?" 또는 "가장 짧은 연필에서 가장 긴 연필까지 순서대로 늘어놓을 수 있겠니?" 라고 요청하여 유아가 양방향으로 순서대로 배열할 수 있도록 안내한다.

셋째, 유아가 '순서 짓기' 라는 말을 이해하지 못할 경우 시범을 보여주거나 처음 몇 개는 교사가 배열한 후 나머지를 유아가 놓아보도록 할 수 있다.

넷째, 처음에는 사물 간의 크기, 길이, 무게 등의 차이가 큰 것을 준비하여 순서 지어보도록 하고 점차 차이가 적은 사물들을 준비하여 순서 지어볼 수 있도록 한다.

다섯째, 유아의 순서 짓기 능력이 증진되면 유아에게 순서 짓기를 할 수 있는 사물들을 유아 스스로 크기, 길이, 무게 등의 기준을 정해 순서 지어보도록 한다.

② 이중서열

이중서열(double seriation)이란 두 집단의 사물들을 한 가지 기준(크기, 길이, 무게 등)의 차이에 따라 일대일로 짝을 지어 순서대로 배열하는 것이다. 예를 들어 『금발머리 소녀와 곰 세 마리』 동화에 나오는 세 마리 곰의 크기 차이에 따라 아빠곰은 큰 의자, 엄마곰에게는 중간 의자, 아기곰에게는 작은 의자와 짝지으면서 배열하는 것 등을 들 수 있다.

〈아빠곰, 엄마곰,아기곰을 크기에 따라 배열한 단순서열〉

〈곰 세 마리의 침대와 의자를 크기에 따라 짝을 지어 순서대로 배열한 이중서열〉

〈나사와 나사못을 크기에 따라 순서대로 배열한 이중서열〉

③ 복합서열

복합서열은 두 가지 공통된 속성을 동시에 고려하여 그 차이에 따라 순서대로 배열하는 것으로 유아에게 어려운 개념이다. 따라서 한 가지 속성에 따라 사물을 순서 지어보거나 이중서열에 익숙해진 이후에 시작하는 것이 좋다.

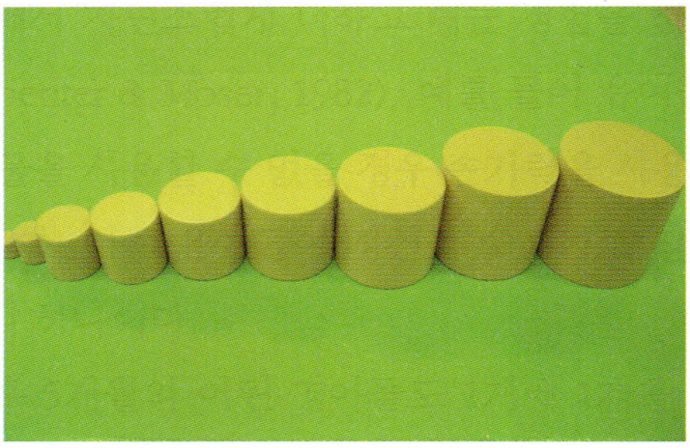

〈지름과 높이를 동시에 고려한 복합서열 교구〉

2) 측정

(1) 측정능력의 발달

측정은 유아주변에서도 수없이 일어나는 활동 중의 하나이다. 병원이나 유아교육기관에서 키, 몸무게, 시력, 체온 등을 잴 때 유아들은 측정도구와 측정단위에 대해 알게 된다. 또한 옷이나 신발을 살 때 같은 옷이나 신발도 크기가 다르며 크기에 따라 치수가 다름을 알게 된다. 뿐만 아니라 요리시간에 간단한 핫케이크를 만들면서 우유, 밀가루, 계란, 설탕 등의 양이나 부피를 잴 기회를 가진다. 유아가 일상생활에서 경험하는 이러한 측정활동은 유아가 사물이나 대상의 구체적 치수나 측정단위(g, kg, cm, m, ml, l 등)에 대한 이해는 어려울 수 있어도 길이, 부피, 무게 등에 적합한 측정도구는 어떠한 것이 있는지 표준화된 측정도구 및 측정활동에 관심을 갖도록 하는데 도움을 줄 수 있다.

유아의 측정개념의 발달은 길이, 무게, 부피, 온도 등을 시각이나 촉감 등의 감각을 통해 비교하면서 시작된다(Charlesworth, 2000; 전희영, 2001; 윤애희 외 2인, 2002). 예를 들어 또래와의 키를 누가 더 큰지 시각적으로 비교하면서 길이에 대한 개념이 발달하게 되고 바깥놀이에서 모래나 물을 한쪽 용기에서 다른 용기로 옮기는 과정에서 부피에 대한 개념을 형성하게 된다. 또한 여러 가지 음식을 먹을 때나

목욕을 하러 탕 안에 들어갈 때 혀나 손과 발의 감각으로 어떤 것이 뜨거운지, 차가운지, 미지근한지 알아보는 과정에서 온도에 대한 개념을 형성하게 된다. 그리고 귤과 같은 과일을 먹을 때 양손에 귤을 각각 하나씩 들고 어느 것이 더 무겁거나 가벼운지 비교를 하면서 무게에 대한 개념을 형성하게 된다. 이렇듯 전조작기 유아는 자신의 직접적이고 감각적 경험을 통해 사물이나 대상에 대한 비교를 하면서 측정 능력을 발달시키게 되며 전조작기 말과 구체적 조작기 초에는 유아주변에서 볼 수 있는 비표준화된 측정도구나 측정단위를 사용하여 임의적인 측정활동을 할 수 있게 된다. 예를 들어 또래와 자신 중 누구의 키가 더 큰 지 알아볼 때 블록영역에 있는 끼우기 블록 또는 나무블록을 쌓아올리면서 비교를 해보는 활동이 이에 속한다. 이때 끼우기 블록이나 나무블록은 비표준화된 측정도구이며 끼우기 블록이나 나무블록 한 개가 측정의 기본단위가 된다.

구체적 조작기가 되면 표준화된 측정도구와 단위의 필요성을 느끼게 되고 이를 사용하고 이해할 수 있게 된다. 예를 들어 손 뼘을 사용하여 책상의 가로길이를 재어보기 활동을 하였는데 유아 손 뼘으로 잰 것과 교사의 손 뼘으로 잰 것이 차이가 있음을 발견하게 되고 일상생활 주변에서 사용되는 자, 줄자 등의 표준화된 측정도구와 cm, m 등의 측정단위에 관심을 갖게 된다.

(2) 측정의 내용과 방법

길이, 무게, 면적, 부피 등의 측정활동을 지도할 때 다음과 같은 점을 고려하여 지도하도록 한다.

〈1〉 지각에 의한 비교

유아가 처음 측정을 접하는 경우 지각을 통해 사물과 사물 간의 비교하고 순서대로 배열해 보는 활동을 한다. 즉 두세 개의 사물들을 길이, 무게, 부피, 넓이 등의 여러 가지 속성 중 한 가지를 정하여 서로의 차이를 비교해 보고 '~보다 길다', '~보다 무겁다', '~보다 많다', '~보다 넓다' 와 같은 비교용어를 사용하는 것을 의미한다.

〈2〉 임의의 도구와 단위 사용

임의의 도구와 단위는 신체와 사물이 있다.

신체를 사용한 단위에는 손 뼘, 발바닥 등이 있으며 주로 길이 측정에 사용된다. 책상길이, 피아노길이, 교실길이 등을 예로 들 수 있다. 그러나 신체단위는 사람에 따라 측정결과가 다르게 나오기 때문에 유아들은 일정한 크기와 무게를 가지고 있는 측정도구와 단위의 필요성을 인식하게 된다. 예를 들어 책상길이를 교사의 손 뼘으로 재었을 때는 세 뼘이었으나 유아의 손 뼘으로 재었을 때는 다섯 뼘이 나온 경우 교사는 이러한 결과가 나온 이유에 대해 유아들과 이야기해 보고 함께 다른 측정도구 및 단위를 찾아보도록 한다.

또한 일정한 크기와 무게를 가지고 있는 사물을 비표준화된 도구와 단위로 사용하여 측정해 본다. 이때 측정을 하기 전에 결과를 예측해 보고 측정 후 결과를 기록하여 유아들이 측정대상이나 측정도구 간의 결과차이를 비교해 보도록 한다. 이러한 활동을 통해 유아는 정확한 측정을 할 수 있고 어디에서도 통용될 수 있는 표준화된 도구와 단위의 필요성을 인식하게 된다.

- 길이 : 끼우기 블록, 클립, 연필, 이쑤시개, 성냥개비, 막대, 리본
- 면적 : 타일, 색종이, A4지, 책, 신문지
- 부피 : 종이컵, 우유팩, 페트병, 그릇, 상자
- 무게 : 동전, 바둑알, 구슬, 양팔저울

〈3〉 표준화된 측정도구와 단위 사용

유아들은 일상생활을 통해 표준화된 측정도구와 단위를 접한다. 다만 측정단위나 치수에 대해 지각적 인식이 불가능하므로 이해에 어려움을 겪을 수 있다. 예를 들어 저울에 나타난 30g이 어느 정도 가벼운지, 20m가 어느 정도 먼 거리인지 실제적으로 인식하기 어렵다. 그러나 몸에서 열이 날 때 체온계를 사용하여 온도를 측정하거나 요리활동 시에 우유 곽에 있는 우유를 계량컵에 넣는 것과 같이 일상생활에서의 지각적 체험이 함께 이루어질 때 유아가 표준화된 측정도구의 사용에 관심을 갖거나 측정단위에 대한 이해를 하는데 도움을 줄 수 있다.

길이, 무게, 면적, 부피에 대한 구체적 지도방법을 살펴보면 다음과 같다.

① 길 이

첫째, 길이는 높이, 길이, 폭, 둘레, 거리, 깊이 등 상황이나 대상에 따라 사용하는

용어나 단위가 다르다는 것을 이해하도록 돕는다.

- 높이 : 키, 산이나 빌딩 등의 높이를 의미하며 '크다/작다', '높다/낮다' 등의 용어를 사용한다.
- 길이 : 연필, 가구 등의 길이를 의미하며 '길다/짧다' 등의 용어를 사용한다.
- 폭 : 인도나 차도 등의 길이를 의미하며 '넓다/좁다' 등의 용어를 사용한다.
- 둘레 : 허리둘레, 팔 둘레, 연못둘레 등과 같이 곡선의 길이를 의미하며 상황에 따라 신체둘레의 경우 '굵다/가늘다', 연못둘레 같은 경우 '넓다/좁다' 등의 다른 용어를 사용한다.
- 거리 : 집에서 유치원까지의 거리와 같이 한 지점에서 다른 지점까지의 거리를 의미한다. '멀다/가깝다' 라는 용어를 사용한다.
- 깊이 : 바닷물이나 강물 등의 깊이를 의미하며 ' 깊다/얕다' 라는 용어를 사용한다.

둘째, 비표준화된 도구와 단위를 사용하여 사물의 길이를 측정하도록 한다. 측정 전에 결과를 예측해 보고 표를 만들어 기록하여 각 측정단위에 따른 측정대상의 길이차이를 비교해 본다. 예를 들어 가족의 발길이를 측정할 때 끼우기 블록, 클립, 성냥개비, 이쑤시개 등의 비표준화된 도구를 사용하여 발길이를 재볼 수 있다.

〈1〉 **지각에 의한 비교**- 측정도구를 사용하지 않고 시각으로 길이차이를 비교할 때는 측정선을 맞추어 비교한다.

〈2〉 **임의의 도구 및 단위사용**- 끼우기 블록, 클립, 이쑤시개 등을 사용하여 측정대상을 재어본다. 재기 전에 어느 정도 개수가 나올지 예측해 보고 측정단위

에 따른 측정대상의 길이차이를 기록하고 비교해 본다.

〈끼우기 블록으로 발길이 재기〉

〈클립으로 발길이 재기〉

〈이쑤시개로 발길이 재기〉

우리 가족 발 길이

	내 발	엄마 발	아빠 발
블럭	8개	11개	13개
클립	4개	6개	8개
이쑤시개	2개	3개	4개

〈가족 발길이 측정 비교표〉

〈3〉 표준화된 측정도구 및 단위 사용- 자, 줄자 등을 사용해 길이를 재어본다.

〈자를 이용해 가족의 발길이 재기〉

셋째, 호박, 농구공, 페트병, 나무 등 다양한 사물의 둘레를 잴 때는 손 뼘, 끈이나 리본 등을 이용한다. 예를 들어 호박의 둘레를 손 뼘이나 끈이나 리본 등으로 재어 본다. 끈이나 리본으로 재었을 경우 그 길이만큼 다른 비표준화된 측정도구(클립, 이쑤시개 등)를 사용해 호박의 둘레를 측정해 본다. 또한 자나 줄자 등 표준화된 측정도구를 사용하여 정확히 측정해 본다.

〈호박둘레 손 뼘으로 재기〉

〈운동화끈으로 호박둘레 재기〉

〈운동화끈으로 잰 호박둘레만큼을 자로 재기〉

〈줄자로 호박둘레 재기〉

② 무게

유아는 친구들과 시소를 탈 때, 사물을 양손에 올려놓고 비교할 때 느껴지는 무게감으로 어느 대상이 더 무거운지, 가벼운지 비교할 수 있다. 하지만 저울에 나타난 측정단위와 치수를 보고 얼마만큼 가벼운지 또는 무거운지 이해하는 데는 어려움이 있다. 따라서 양팔저울과 일정한 크기와 무게를 가진 임의의 측정도구(구슬, 블록 등)를 사용하여 무게를 재어보고 작은 단위와 큰 단위의 저울추들(1g, 10g, 50g 등)을 사용하여 측정해 보는 경험을 가지도록 한다.

무게개념을 습득하기 위한 지도방법은 다음과 같다.

〈1〉 **지각에 의한 비교**- 양손에 측정할 대상을 올려놓고 어느 것이 더 무거운지, 가벼운지 비교해 본다.

〈귤 2개를 양손 위에 올려놓고
어느 것이 더 무거운지 비교해 보는 유아〉

〈2〉 **임의의 도구 및 단위 사용**- 양팔저울과 일정한 크기와 무게를 가진 비표준화된 도구를 사용하여 측정대상의 무게를 재본다.

〈사과의 무게를 양팔저울과 방울토마토를
사용해 재보고 있는 유아〉

〈측정결과를 기록한 그림〉

〈3〉 **표준화된 측정도구 및 단위 사용**- 양팔저울과 저울추(50g, 10g, 1g)를 사용하여 측정대상을 측정해 본다.

〈저울추를 사용하여 방울토마토의
무게를 재고 있는 유아〉

③ 면적

면적은 2차원적인 것으로서 모양이 비슷한 평면도형의 크기를 비교하거나 일정한 크기와 모양을 가진 평면도형 여러 개를 다양하게 배열해 보는 활동을 통해 면적에 대한 개념을 형성할 수 있다. 면적개념의 습득을 위한 지도방법은 다음과 같다.

첫째, 유아주변에서 면적에 대한 개념을 습득할 수 있는 기회를 제공한다. 예를 들어 여러 가지 책 표지의 크기를 대어보고 크기순으로 정리를 하거나 운동장에 크기가 큰 원과 작은 원을 그려놓고 그 안에 몇 명의 유아들이 들어갈 수 있는지 비교해 보도록 하면서 면적에 대한 개념을 습득할 수 있다.

둘째, 면적이 일정한 색종이 여러 개를 사용하여 다양한 모양으로 구성하여 보는 활동을 통해 구성한 형태가 다르더라도 전체 면적은 같다는 것을 알도록 한다.

셋째, 조절과 놓기 전략을 사용하여 두 사물의 면적을 비교해 본다.

- 두 사물을 비슷한 모양으로 조절하여 나란히 옆에 놓고 비교하기

- 두 사물의 한 변을 서로 맞대어 놓고 비교하기

• 한 사물을 다른 사물 위에 겹처 놓고 비교하기

넷째, 일정한 크기의 종이조각이나 작은 평면도형 등을 사용하여 측정할 사물의 면적을 알아본다. 예를 들어 책표지에 정사각형 조각이 몇 개 들어가는지 세어본다.

④ 부피

부피는 삼차원적인 것으로서 기체, 액체, 고체가 공간(용기)에서 차지하고 있는 양을 의미한다. 부피개념의 습득을 위한 지도방법은 다음과 같다.

첫째, 일상생활의 경험을 통해 자연스럽게 부피개념을 습득하도록 한다.

• 바깥놀이 시간에 여러 가지 용기와 물, 모래 등을 사용하여 부피측정할 기회를 제공한다.

• 요리활동에서 계량컵을 사용하여 우유, 물, 기름의 양을 측정해 본다.

〈핫케이크를 만들기 위해 우유를 계량컵에 붓고 있는 유아〉

둘째, 부피가 같아도 형태는 다를 수 있음을 경험하게 한다. 예를 들어 용량은 같고 형태가 다른 용기(우유팩, 페트병, 컵 등)를 사용하여 액체를 옮겨 담아본다.

〈200ml 용량의 액체가 들어있는 컵, 우유팩, 계량컵〉

셋째, 큰 단위의 용기에 작은 단위의 용기로 물이나 모래, 곡식(콩 또는 팥) 등이 몇 번 들어가는지 시도해 보도록 한다. 예를 들어 1000ml의 빈 우유곽에 200ml 우유 곽에 있는 우유가 몇 번 들어가는지 세어보거나 2L짜리 빈 페트병에 500ml의 페트병의 물이 몇 번 들어가는지 세어보도록 한다. 또는 물놀이 테이블에 곡식을 넣고 여러 가지 크기의 용기를 준비하여 작은 용기에서 큰 용기로 몇 번이 들어가는지 세어보도록 한다.

〈500ml 페트병의 물을 2L 짜리 페트병에 옮기기〉

〈작은 컵으로 큰 계량컵에 메주콩 담아 옮기기〉

5. 규칙성(패턴)

유아들은 유치원에서의 하루일과, 낮과 밤, 계절의 변화, 보도블록이나 옷에 그려진 꽃무늬 등 반복적인 일상과 자연현상, 여러 가지 사물에서 자연스럽게 규칙성을 접한다.

규칙성 개념은 영아기 때부터 발달하기 시작한다. 영아들은 우유를 먹고 기저귀를 갈고 놀고 자는 일련의 순서를 예측할 수 있다(Chalesworth & Lind, 2003). 유아들이 패턴을 인식하고 주어진 패턴을 그대로 따라서 나열해 보는 것뿐만 아니라 다음에 올 패턴을 예측하고 자신만의 방식으로 새로운 패턴을 구성해 볼 수 있도록 다양한 방법을 사용하여 유아의 규칙성 이해를 도울 수 있다. 유아의 규칙성 개념습득을 위한 지도방법을 살펴보면 다음과 같다.

첫째, 주변에서 패턴을 관찰하고 패턴의 규칙을 발견하도록 한다. 예를 들어 옷에 있는 무늬, 노래 등에서 반복되는 패턴을 찾을 수 있다.

둘째, 질문을 통하여 유아들이 주변에 있는 패턴을 인식하고 설명할 수 있도록 한다. 예를 들어 "네 치마에 어떤 그림이 순서대로 그려져 있는지 이야기해 줄 수 있니?" 와 같이 질문함으로써 유아가 패턴을 인식하고 표현할 기회를 제공한다.

셋째, 실물이나 모형, 신체, 그림카드 등을 사용하여 다양한 패턴유형을 구성해 보도록 한다.

- 모형을 활용한 패턴

〈AB-AB유형〉

〈AAB-AAB유형〉

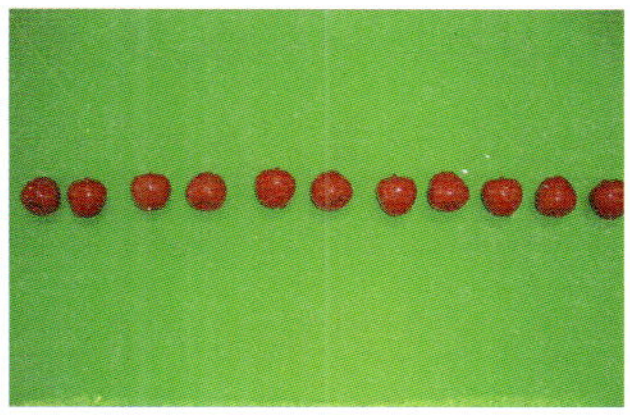
〈AA' -AA' 유형〉

- 그림카드를 활용한 패턴

- 신체를 활용한 패턴

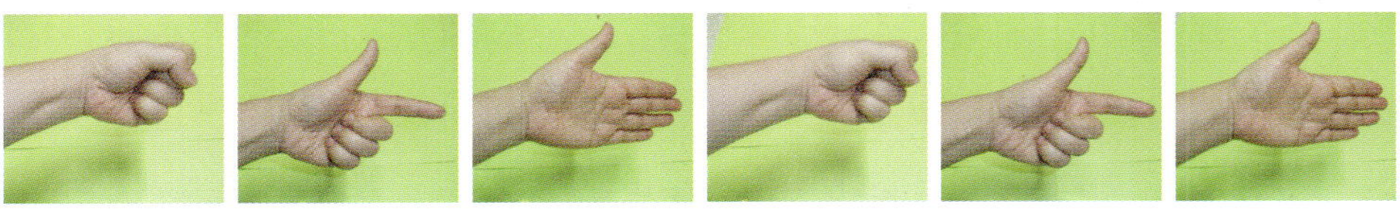
〈주먹-가위-보-주먹-가위-보 패턴〉

넷째, 패턴을 처음 구성할 경우 다음과 같은 순서로 구성하도록 한다.

① 주어진 패턴을 그대로 모방한다.

② 패턴의 일부분을 보고 다음에 올 패턴을 예측하여 구성해 보도록 한다.

③ 유아 스스로 패턴을 구성해 보도록 한다.

6. 자료의 정리 및 분석

1) 분류

(1) 분류능력의 발달

분류하기는 사물의 특성을 탐색하고 사물의 공통점과 차이점을 비교하고 공통된 기준을 적용하여 비슷한 사물들끼리 모으는 과정을 말한다. 분류능력은 현대정보화 사회에서 자료를 수집하고 체계적으로 정리, 분석하는데 필수적인 능력이라고 할 수 있다.

분류하기 능력은 영아기부터 발달한다(Piaget & Inhelder, 1956). 감각운동기의 영아는 보기, 만지기, 듣기, 맛보기 등의 감각을 사용하여 사물의 같고 다름을 구별한다. 예를 들어 원래 쓰던 젖병의 젖꼭지가 아닌 보다 큰 젖꼭지가 있는 젖병을 사용하면 젖병을 빨지 않고 뱉어내는 것이 이에 속한다.

전조작기의 유아는 사물의 속성에 대한 능동적 탐색을 하지만 자기중심적 사고로 인해 분류준거가 논리적이지 못하고 주관적일 경우가 많다. 예를 들어 여러 가지 동물을 분류할 때 동물의 다리 수나 서식지와 같이 객관적인 기준에 따라 분류하는 것이 아니라 토끼는 눈이 빨개서 무서운 동물로, 소는 꼬리털이 탐스러워서 귀여운 동물로 주관적 기준을 사용하여 분류를 하기도 한다. 또한 전조작기 유아는 강아지는 동물에 속하며, 사과는 과일에 포함된다는 유목포함관계의 논리를 잘 이해하지 못한다. 이러한 유아는 사물의 특성과 사물 간의 관계를 결정짓는 다양한 경험을 통해서 분류능력의 기초를 향상시킬 수 있다. 유아의 분류능력 발달과정을 살펴보면 다음과 같다(Piaget, 1964; Smith, 1997; charlesworth, 2000).

〈1단계〉 임의적 분류

2~3세경 유아는 사물의 유사성과 차이점과는 관계없이 사물을 분류한다. 즉, 자신의 주관적 기준에 의해 분류한다.

〈2단계〉 단순분류

4~6세 유아는 현저하게 눈에 띄는 한 가지 공통된 기준에 따라 사물을 분류한다. 주로 색깔, 모양, 크기 등의 분류기준을 사용하여 분류를 한다.

〈3단계〉 복합분류

7~8세 유아는 동시에 두 가지 또는 그 이상의 공통된 기준에 따라 사물을 분류하는 것이 가능해진다.

〈4단계〉 유목포함

8~9세경이 되면 사물을 부분유목에 따라 분류할 수 있고 부분유목들은 더 큰 유목에 포함된다는 것을 알게 된다. 예를 들면 여러 개의 빨간색 사각형 블록과 빨간색 삼각형 블록들을 보여주었을 때 유아들은 블록들을 삼각형과 사각형의 모양에 따라 두 부분집단으로 나눌 수 있고 이 두 집단의 블록들은 빨간색이라는 보다 큰 집단에 속한다는 것을 이해할 수 있게 된다.

(2) 분류하기의 내용과 방법

분류하기의 내용에는 같은 것 또는 연관 있는 것끼리 짝을 짓는 짝짓기, 사물들 간의 공통된 속성 한 가지에 따라 분류하는 단순분류, 동시에 두 가지 이상의 속성을 고려하여 분류하는 복합분류, 사물 간의 위계적 관계를 아는 유목포함이 있다. 분류하기에 대한 구체적 내용을 살펴보면 다음과 같다.

① 짝짓기

유아는 같은 점을 인식한 후에 다른 점을 인식하게 되므로 동일한 사물끼리 찾아 짝을 지어보는 활동이 먼저 제공되어야 한다. 예를 들어 같은 신발의 짝을 찾아 신발장에 넣어 정리하거나 식탁에 같은 젓가락의 짝을 찾아 놓는 일과 같이 일상생활의 자연스런 경험을 통해 짝짓기 능력을 길러 주는 것이 좋다. 같은 것끼리 짝을 지어보는 경험이 익숙해지면 서로 관련이 있는 것끼리 짝을 지어보도록 한다. 이러한 활동은 분류하기의 기초단계로 일대일 대응의 개념이기도 하다.

〈짝짓기 활동의 예〉

짝짓기 유형	활동
같은 것끼리 짝짓기	• 같은 신발 짝짓기 • 같은 양말 짝짓기 • 같은 젓가락 짝짓기
관련 있는 것끼리 짝짓기	**〈유사한 것끼리 짝짓기〉** • 어미와 새끼 짝짓기 : 소-송아지, 어미닭-병아리 **〈함께 사용되는 것끼리 짝짓기〉** • 함께 사용되는 물건 짝짓기 : 컵과 컵받침, 치약과 칫솔, 쓰레받기와 빗자루, 페인트와 페인트 붓, 종이와 연필, 실과 바늘 **〈서로 어울리는 것끼리 짝짓기〉** • 사람과 사물 짝짓기 : 아기-유모차, 아기-딸랑이 아빠-넥타이, 아빠-양복, 조종사-비행기 • 신체기관과 사물 짝짓기 : 입-마스크, 발-양말 손-장갑, 머리-모자

■ 같은 것끼리 짝짓기의 예

〈같은 양말끼리 짝짓기〉

■ 관련 있는 것끼리 짝짓기의 예

〈코알라 어미- 새끼 짝짓기〉

〈캥거루어미- 새끼 짝짓기〉

〈어미닭- 병아리 짝짓기〉

② 단순분류

단순분류는 공통된 한 가지 기준에 따라 사물들을 모으는 활동으로 다음과 같이 지도하도록 한다.

첫째, 분류하기 활동이 유아의 일상생활과 관련된 자연스런 상황에서 이루어지도록 한다. 예를 들어 자유선택 영역 정리시간에 미술영역의 색연필을 같은 색끼리 색연필꽂이에 정리하는 것 또는 미술재료를 각각의 바구니에 분류하여 놓는 것, 블록영역에서 여러 가지 블록을 원기둥, 직육면체, 삼각기둥 등의 모양에 따라 정리하도록 하는 것이 이에 속한다.

〈미술영역의 색연필꽂이〉

〈미술영역의 재료분류 바구니〉

〈같은 도형끼리 정리한 블록영역〉

둘째, 다양한 사물의 물리적 특성을 탐색하고 사물의 공통점과 차이점을 비교해 보도록 격려한다. 이때 벤다이어그램이나 표를 사용하여 유아의 표현과 이해를 돕도록 한다.

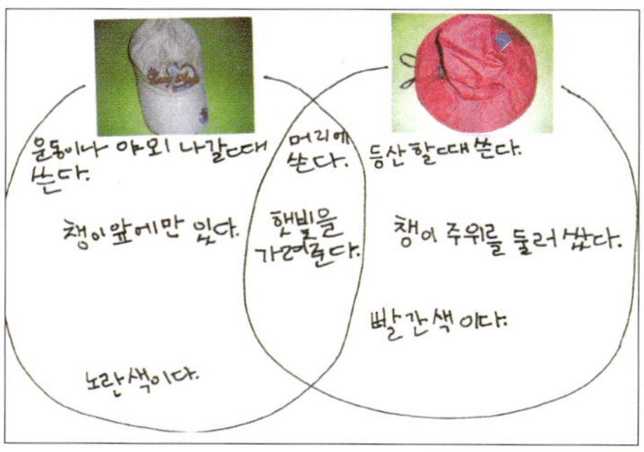

〈벤다이어그램의 예〉

셋째, 처음에는 한 가지 기준(예: 색깔)에 의해 분류해 본다. 다음에는 처음에 분류한 기준 외에 다른 기준(모양, 크기 등)에 의해 재분류해 보도록 한다. 유아가 분류 기준을 생각해내지 못할 경우 교사가 분류기준을 제공할 수 있으며 점차 유아 스스로 기준을 생각하여 분류해 보도록 한다. 이때 논리적인 기준이 아니어도 유아의 분류기준을 존중해 주도록 한다. 다음은 블록을 사용한 단순분류의 예이다.

〈색깔에 따른 분류〉

〈모양에 따른 분류〉

〈크기에 따른 분류〉

넷째, 미리 분류해 놓은 사물들을 보고 어떤 기준에 의해 분류하였는지 추론해 보도록 한다.

③ 복합분류

복합분류는 동시에 두 가지 이상의 공통된 기준으로 분류하는 것이다. 이때 유아의 이해를 돕도록 하기 위해 '색깔이 빨갛고 단춧구멍이 두 개인 단추는 어디 있을까?' 와 같이 두 가지 공통된 특성을 파악할 수 있는 질문을 하도록 한다. 또한 유아들이 분류하기 쉽도록 두 가지 공통된 속성이 적힌 라벨을 분류할 상자나 보관함에 부착하여 분류해 보도록 한다.

〈도형의 모양과 색깔의 공통적 속성을 파악하기 위한 복합분류 교구〉

④ 유목포함

유목포함(class-inclusion relation)은 사물 간의 위계적 관계를 말하는 것으로 사물들을 하위유목으로 구성할 수 있고, 이 하위유목은 더 큰 상위유목에 포함될 수 있음을 이해하는 것이다. 예를 들어 '독수리, 참새, 비둘기, 까치, 갈매기' 와 같은 하위유목들은 '새' 라는 중간유목에 포함되며 '새' 라는 중간유목은 '동물' 이라는 상위유목에 포함된다는 것을 아는 것이다.

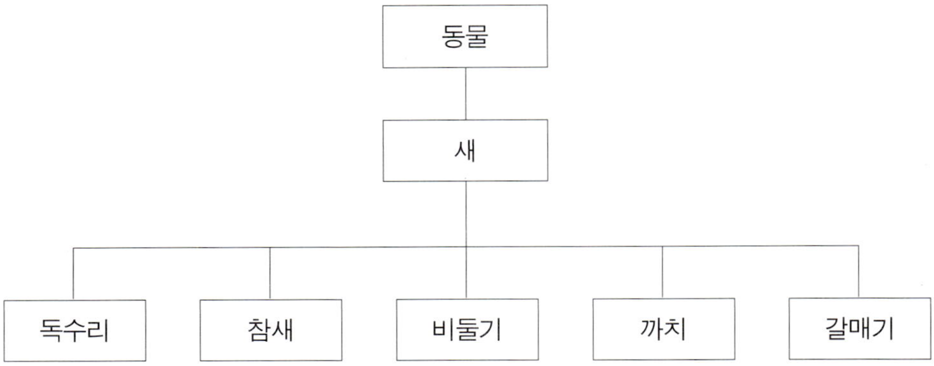

유아가 유목포함을 이해하도록 하기 위해 일상생활 속에서 부분과 전체에 대한 활동을 제공하고 부분과 전체와 관련된 질문을 통해 유아가 부분과 전체의 관계를 인식할 수 있도록 돕는다. 예를 들어 "우리 반 전체를 두 팀으로 나누어 보자. 어떻게 나누면 좋을까?" 와 같은 질문을 하여 "한 팀은 남자, 다른 한 팀은 여자로 나누어요." 와 같이 부분과 전체관계에 대해 유아가 인식하고 대답할 수 있도록 한다.

2) 자료의 분석(그래프)

(1) 자료분석능력의 발달

자료를 수집, 정리하고 분석하는 것은 인구분포, 연령분포, 남녀비율, 일기예보, 경제동향분석 등 실생활에서 유용하게 사용되고 있는 수학적 개념이다.

유아들은 유아교육기관에서 '내가 좋아하는 색깔', '나의 가족 수 그래프' 등의 조사활동을 하는 과정에서, 자유선택활동 계획표의 영역별 활동 여부를 체크하는 과정에서 자연스럽게 자료를 조직하고 분석하는 방법을 접할 수 있다.

자료의 분석에는 같은 내용끼리 분류하고 분류한 것의 수를 세어보고 수가 많거나 적은 순서대로 나열해 보는 과정이 포함된다.

Bruner는 유아의 표상능력 발달을 행동적 표상단계, 영상적 표상단계, 상징적 표상단계로 나누고 있다(김광웅, 2001). 행동적 표상단계는 직접적 행동에 의해서만

인지작용이 가능한 단계이고 영상적 표상단계는 시각적으로 지각된 상을 통해 사고작용이 잘 이루어지는 단계이다. 상징적 표상단계는 언어 · 수 · 기호 등의 상징을 통해 일어나는 추상적인 사고의 단계이다. 따라서 유아가 관심 있어 하는 주제에 대해 정보를 수집하고 조직하고 분류하고 그래프활동을 제공할 때에도 이러한 발달단계를 고려하도록 한다.

다음은 유아들이 참여할 수 있는 그래프활동의 예이다.

〈1〉 실물을 직접 비교하여 그래프를 만들어보는 활동

두 가지 정도의 실물을 직접 사용하여 높이 쌓아보거나 길게 배열해봄으로써 시각적 차이를 비교해 보는 활동이다. 예를 들어 교실에 있는 인형 중 곰인형과 강아지인형의 개수를 비교해 본다.

〈2〉 그림, 사진 자료 등을 사용하여 두 가지 이상의 내용을 그래프로 만들어보는 활동

우리 가족 수, 좋아하는 과일, 좋아하는 TV프로그램 등 유아들이 흥미를 가지고 조사할 수 있는 내용을 그림으로 그리거나 사진자료 등을 활용하여 그래프에 붙여보는 활동이다.

〈좋아하는 과일을 같은 크기의 종이 위에 그리고 같은 과일끼리 그래프 위에 붙여보는 유아들〉

〈사진을 활용한 꽃의 색깔분류 그래프〉

〈3〉 상징물을 사용하여 그래프를 만들어보는 활동

그래프의 내용을 실물, 그림, 사진 자료 등을 사용하지 않고 빗금표시(/), 동그란 색깔스티커 등을 사용하여 그래프에 표시하는 활동이다.

(2) 자료분석의 지도방법

유아들이 자료를 수집하고 조직하고 분석하기 위한 구체적 지도방법을 살펴보면 다음과 같다(교육과학기술부, 2008).

첫째, 교사는 유아가 알고자하는 정보가 무엇이며, 어떤 방법으로 정보를 모을 수 있는지 상호작용을 통해 결정하도록 돕는다.

둘째, 유아들의 발달수준에 따라 구체물이나 실물을 사용하여 직접 비교하거나 그림이나 기호를 사용한 그래프를 만들어봄으로써 자료의 특성을 쉽게 이해할 수 있도록 돕는다. 유아들이 만드는 그래프의 내용과 지도방법은 다음과 같다.

- 교육활동 주제와 관련지어 유아가 흥미 있어 하는 내용을 조사하여 그래프로 만들어보도록 한다. 예를 들어 '좋아하는 동물' 이나 'TV프로그램' 과 같은 내용을 조사하여 그래프로 만들 수 있다.
- 식물의 성장이나 강수량과 같은 자연현상을 관찰하고 기록하는데 그래프를 사용한다.

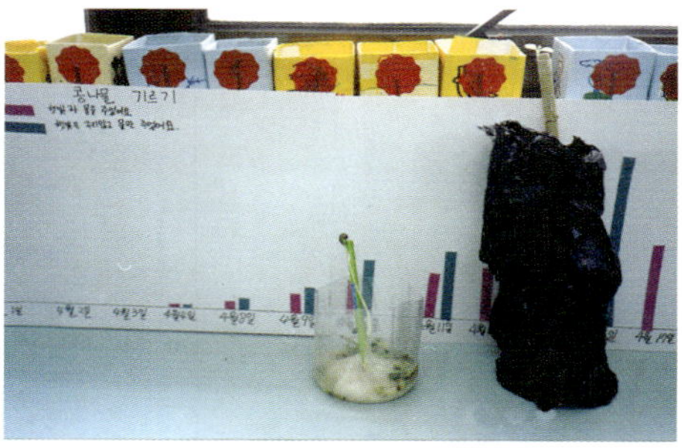

〈햇빛에 기른 콩나물과 햇빛을 가리고 기른 콩나물의 길이비교 그래프〉

- 그래프는 동일한 간격의 표로 만들어 유아가 그래프를 볼 때 혼란을 주지 않도록 하고 그래프에 대한 이해를 돕도록 한다.

6						
5						
4						
3						
2						
1						
개수 과일	사과	귤	딸기	메론	참외	수박

〈우리 반 친구들이 좋아하는 과일그래프〉

- 그림그래프를 만들 때는 위와 같이 그래프를 먼저 만들고 그 칸과 동일한 종이를 오려 유아들이 그림을 그리고 붙여 놓도록 하거나 표 안에 그려넣도록 한다.
- 유아들이 좋아하는 것을 조사하여 그래프를 만들 때 좋아하는 대상이 여러 개일 경우 미리 표시할 대상의 개수를 1~2개로 제한하여 그래프의 의미가 희석되지 않도록 한다.
- 만든 그래프에는 제목을 붙여 무슨 정보를 알아보기 위해 자료를 조직하였는지 인식할 수 있도록 한다.
- 그래프를 만든 후 교사는 질문을 통해 유아들이 자료로부터 여러 관계를 탐색하고 비교하고 설명하는 과정에서 결과를 이해할 수 있도록 기회를 제공한다.
  - "가장 많은(긴) 것은 무엇이니?", "가장 적은(짧은) 것은 무엇이니?"
  - "~에는 몇 개가 있니?", "~보다 ~가 몇 개 더 많니? ~보다 ~가 몇 개 더 적니?"

7. 시 간

1) 시간개념의 발달

시간개념은 순차적 시간(sequence)과 시간 간격(duration)에 대한 이해를 포함한다. 순차적 시간은 규칙성(생활주변에서 반복되는 규칙을 알고 예측하기)에서 다루어질 수 있고 시간 간격은 측정에서 다루어질 수 있다(교육과학기술부, 2008). 순차적 시간은 아침-점심-저녁과 같은 하루일과나 유치원에서의 시간순서 등을 의미한다(Charlesworth, 2000). 시간 간격은 어떤 사건이 해결되거나 활동이 마무리되는데 얼마만큼의 시간이 흘렀는지 알아보는 것이다. 그러나 유아는 시간개념을 이해하는데 어려움을 겪는다. 그 이유는 다음과 같다.

첫째, 시간은 불가역적이다. 즉, 시간은 흘러가면 되돌릴 수 없다. 이전에 일어났던 사건이나 일들에 대해 모든 것을 순서대로 기억하는데 한계가 있다. 따라서 유아의 하루일과를 순서대로 그려보거나 사진을 찍어 순서대로 나열해 보도록 한다. 또한 아기였을 때부터 현재까지의 사진들을 모아 사진첩이나 접이식 액자를 만들어 본다.

둘째, 시간은 비가시적이다. 즉, 시간이 얼마만큼 흘러갔는지 눈으로 확인할 수 없다. 따라서 시간이 지나감을 확인할 수 있는 도구인 시계, 달력의 사용방법을 습득할 수 있도록 한다.

셋째, 시간은 개인적 경험에 따라 그 간격이 길게 느껴지기도 하고 짧게 느껴지기도 한다. 생일축하파티, 놀이공원에 갔던 일과 같이 즐거운 경험이나 사건들은 시간이 짧게 느껴지고 하기싫은 과제가 주어지면 시간이 오래 걸리는 것처럼 느껴진다. 따라서 바깥놀이 시간, 점심시간, 자유놀이 시간, 정리시간과 같이 일정하게 주어진 시간의 간격을 경험하게 해주고 요리활동에서 빵이나 과자를 오븐에 굽는 것과 같이 주어진 시간 안에 일을 끝마치는 경험을 제공하여 시간의 간격은 항상 일정하게 흘러간다는 것을 인식할 수 있도록 돕도록 한다.

유아들의 시간개념 발달을 살펴보면 다음과 같다(Siegler, 1998; 한유미, 2003) .

첫째, 0~2세까지의 영아는 전, 후의 상황에 대한 인과관계를 경험함으로써 순차적 시간을 인식한다. 예를 들어 배가 고플 때마다 울면 엄마가 와서 우유를 먹여준다는 것을 경험함으로써 사건이 순차적으로 일어난다는 것을 인식하게 된다.

둘째, 2~7세 사이의 유아는 아침-점심-저녁의 하루일과 중 일어난 사건이나 경험을 순서대로 배열할 수 있으며 세 가지 정도의 연속된 사건을 순서화할 수 있다. 그러나 오래전에 지나간 사건이나 경험을 연대별로 열거하는데 어려움이 있으며 자기중심적인 사고로 인해 나에게는 적용되는 시간의 흐름이 다른 사람에게는 멈춘다고 생각하기도 한다. 예를 들어 나는 시간이 지나면서 어른이 될 것이라고 생각하면서 엄마는 나이를 먹지 않고 그대로일 거라고 생각한다. 즉, 시간은 어디에서나 누구에게나 똑같이 적용된다는 시간의 항상성을 이해하지 못한다.

셋째, 8세 이후의 아동은 과거에 일어난 사건들을 연대별로 배열하는 것이 가능하고 시간의 항상성을 이해할 수 있게 된다.

2) 시간개념의 내용과 방법

유아가 경험하는 시간은 개인적 경험시간, 사회적 활동시간, 문화적 시간으로 나눌 수 있다(Charlesworth, 2000).

첫째, 개인적 경험시간은 유아가 가족, 친구, 이웃과 지내면서 경험했거나 경험하는 사건이나 일에 대한 것 등이 있다. 가족과 함께 식사하기, 놀이터에서 친구와 놀기, 애완동물 돌봐주기 등이 이에 속한다.

둘째, 사회적 활동시간은 규칙적으로 정해 놓은 일정표에 의해 움직이는 시간으로 등원하기-자유선택 활동-간식시간-바깥놀이-점심시간-하원 등 유아교육기관에서 보내는 일련의 시간을 예로 들 수 있다.

셋째, 문화적 시간은 시간이 얼마나 흘렀는지 확인할 수 있도록 고안된 시계와 달력에서의 시간을 의미한다. 유아는 이러한 시간개념을 이해하기 어려우므로 유아와 관련 있는 상황이나 사건과 관련지어 시계(시, 분) 나 달력(요일, 날짜)보는 방법을 익힐 수 있도록 도움을 줄 수 있다.

유아의 시간개념 습득을 위한 지도방법은 다음과 같다.

첫째, 사건이나 경험이 일어난 순서대로 배열해 보는 경험을 갖도록 한다.

- 아기에서 현재까지의 성장과정, 아침-점심-저녁의 하루일과, 유치원에서의 시간을 사진이나 그림을 통해 순서대로 배열하고 설명하는 과정에서 순차적 시간의 개념을 이해하는데 도움을 줄 수 있다.

〈아기에서 현재까지의 성장과정〉

- 요리활동의 순서나 화장실 사용순서 등을 표로 만들어 유아가 사건의 전후 관계를 이해할 수 있도록 돕는다.

둘째, 바깥놀이 시간 30분, 자유선택시간 30분, 정리시간 10분 등 유치원에서의 규칙적인 시간경험과 계란 삶기나 과자 굽기와 같은 요리활동을 통해 자연스럽게 일정한 시간 간격을 경험할 수 있도록 한다. 이때 모래시계나 타이머를 사용해 유아의 이해를 돕도록 한다.

〈끓는 물에서 10분 삶기: 타이머나 모래시계를 사용하여 계란이 삶아지기까지의 시간 간격 측정〉

〈모래시계〉

셋째, 낮에서 밤으로 시간이 흐름에 따라 주변의 하늘, 사물들이 어떻게 변화하는지 직접 관찰하고 사진이나 그림 등을 통하여 비교해봄으로써 순차적 시간을 이해하도록 돕는다.

〈낮과 밤의 하늘〉

넷째, 봄, 여름, 가을, 겨울의 계절이 바뀜에 따라 주변환경과 사물의 변화를 관찰하고 사진이나 그림을 통해 비교함으로써 순차적 시간을 이해하도록 돕는다. 어린 유아들은 자신이 경험하고 있는 계절이 무엇인지 잘 이해하지 못한다. 그래서 부적절한 옷이나 신발을 착용하고 밖을 나가는 경우가 종종 있다. 따라서 실생활에서 계절마다 달라지는 자연의 변화(나무, 꽃, 날씨, 온도)와 이에 적합한 옷이나 소품 등을 관찰하고 활용해 보는 경험을 갖도록 하는 것이 순차적 시간개념을 이해하는데 도움을 줄 수 있다.

〈봄〉

〈여름〉

〈가을〉

〈겨울〉

다섯째, 시간과 관련된 어휘를 상황에 알맞게 사용하도록 질문을 하거나 그림일기 쓰기와 같은 활동을 제공하여 날짜, 요일, 전/후, 어제/오늘/내일, 봄/여름, 가을/겨울 등의 시간개념을 습득할 수 있도록 돕는다. 다음은 유아의 그림일기에서 날짜, 요일, 전과 후, 오늘, 밤과 같은 시간에 대한 어휘를 상황에 알맞게 사용하고 있는 예이다.

〈날짜와 시각, 전, 후 등의 시간과 관련된 용어를 사용하고 전과 후의 변화된 내용을 그린 그림일기〉

〈날짜와 시각, 전에, 오늘, 밤 등의 시간과 관련된 용어를 사용하고 밤을 의미하는 검은 색과 달을 배경으로 그린 그림일기〉

여섯째, 시계를 보고 시와 분을 읽을 수 있도록 돕는다.

- 시계의 작은 바늘은 시, 시계의 긴 바늘은 분을 의미함을 가르쳐주고 시각과 상황을 연결시켜 유아의 이해를 돕도록 한다.

〈하루일과의 상황과 시각을 연결한 교구〉

- 유아들은 짧은 바늘이 가리키는 시는 읽기 쉬우나 긴 바늘이 가리키는 '분'은 실제 바늘이 가리키는 숫자와 다르기 때문에 혼란스러워 한다. 따라서 이중 시계판을 사용해 시와 분을 읽는데 도움을 줄 수 있도록 한다.

〈분을 나타내는 수를 따로 표시하여 유아가 시각을 읽기 쉽도록 만든 이중시계판〉

일곱째, 일상생활의 경험을 통해 자연스럽게 달력을 보고 날짜(○월○일), 요일, 주(1주, 2주, 3주, 4주), 개월 등의 의미를 이해할 수 있도록 돕는다. 예를 들어 대부분의 유치원에서는 매일 유아가 등원하고 수업을 시작하기 전에 오늘이 며칠인지 무슨 요일인지 확인하는 과정을 거친다. 뿐만 아니라 그 달의 생일, 어버이날, 추석 등의 행사 등을 통해 자연스러운 상황에서 달력을 보고 이해할 수 있다. 유아가 달력을 볼 때 어제, 오늘, 내일을 날짜 위에 표시하도록 하여 과거, 현재, 미래에 대한 이해를 돕도록 한다.

〈날짜판〉

〈달력〉

제5장 유아수학교육의 통합적 접근

유아수학교육의 통합적 접근은 유아에게 의미 있는 상황 속에서 수학적 개념을 습득할 수 있도록 통합적으로 활동을 제공하는 것을 의미한다. 즉 수학적 개념을 수학활동에서만 분리시켜 다루는 것이 아니라 노래, 이야기 나누기, 동극, 동시, 게임, 미술, 음악, 조작, 과학, 요리 등의 다양한 활동들과 연계하여 전개할 때 더 큰 효과를 가져올 수 있다는 것이다.

1. 문학을 통한 유아수학교육

1) 문학을 통한 유아수학교육의 의의

문학은 유아의 상상력과 흥미를 일으키는 가장 효과적인 매체로서 유아는 문학을 통해 지식과 정보를 얻을 수 있고 책 속에 나타난 내용을 간접 경험함으로써 새로운 문제상황에 대처하는 방법을 배우고, 새로운 단어와 어휘획득과 같은 언어능력을 발달시킬 수 있다.

문학을 통해 얻을 수 있는 수학교육의 의의를 살펴보면 다음과 같다.

첫째, 유아들은 수와 연산, 공간, 도형, 측정, 규칙성, 자료의 정리 및 분석 등의 수학적 개념이 들어간 그림책의 내용을 보면서 다양한 수학적 사고의 과정을 경험할 수 있다.

둘째, 문학은 유아의 호기심과 상상력을 발달시키므로 문학 속의 수학적 내용에 대해 유아가 흥미를 갖고 탐색하도록 자극하고 수학적 용어를 습득할 수 있다. 예를 들어 『로지의 산책』(팻 허친스 글 · 그림)은 암탉 로지가 산책을 나가고 여우가 뒤쫓아 다니다가 당하는 내용을 재미있게 표현한 그림책으로 이 책을 통해 유아들은 다음에 일어날 일에 대해 흥미를 느낄 뿐만 아니라 '연못을 빙돌아', '짚더미 위를 지나서', '벌통 밑으로' 등의 공간과 관련된 수학적 용어를 배울 수 있다.

셋째, 문학은 실생활과 비슷한 상황에서 수학적 내용을 다루므로 유아들은 여기서 얻은 새로운 개념이나 정보들을 바탕으로 일상생활의 문제해결 상황에 적용시킬 수 있다.

예를 들어 『누구의 발에 맞을까』(이소라 글 · 이혜리 그림, 출판사 비룡소)는 꼬마두더지가 우연히 주운 신발의 주인을 찾아나서는 그림책으로 실제로 반 친구들의 발치수를 재어보고 어떤 친구의 발이 가장 크고 어떤 친구의 발이 가장 작은지 알아보고 그들이 신는 신발의 크기를 비교해 보는 활동으로 적용시킬 수 있다.

〈『누구의 발에 맞을까』
(이소라 글 · 이혜리 그림, 출판사 비룡소)〉

2) 문학을 통한 유아수학교육의 전개

(1) 통합적 수학활동의 계획

문학을 통한 통합적 수학활동을 계획할 때, Barrow와 Salesi는 거미줄 모형 또는 방사선모형을 계획하여 통합적으로 전개하는 방법을 제안하였다(이경우, 1995). 그림책을 중심으로 한 거미줄 모형(방사선 모형)이란 유아들이 읽은 책을 중심으로 하여 전개해 갈 수 있는 다양한 활동을 계획하는 데 유용한 자료가 된다. 이러한 거미줄 모형은 책을 통해 얻은 유아의 새로운 정보 및 지식과 과거의 경험 및 지식과의 통합, 언어·과학·수·사회·표현 등 모든 영역과의 통합, 수 개념 간의 통합을 이루는 역할을 하는 것이다.

거미줄 모형의 큰 가치는 다양한 활동을 계획해 놓은 뒤 교사가 각 유아의 요구와 흥미, 발달 정도, 현재의 교육목표에 따라 가장 적절한 것을 선택하여 융통성 있게 사용하는 것이 가능하다는 점이다. 문학을 통한 통합적 수학교육을 계획할 때 고려해야 할 점은 다음과 같다.

첫째, 생활주제에 적합하고 유아에게 의미 있는 수학적 상황이 포함된 그림책을 선정하도록 한다. 이때 유아의 흥미, 현실과 환상의 적절한 조화, 글이나 그림의 심미적 가치를 고려하도록 한다.

〈표1-5-1〉 수학적 개념이 제시된 그림책의 예

수학적 개념		도서명	글/그림	출판사
수와 연산	일대일 대응	• 골디락과 곰 세 마리	에스텔 코르키	예림당
		• 어디 사니?	스베틀란 유나코비치	리브레주니어
	수세기	• 이상한 나라의 숫자들	크라안 부부	분도
		• 꿈틀꿈틀 열 마리 애벌레들의 대모험	데비티뱃	은하수미디어
		• 함께 세어보아요	미쯔마사 안노	마루벌
공간		• 로지의 산책	팻 허친스	한국몬테소리
도형		• 알록달록 동물원	로이스 앨러트	시공주니어

수학적 개념		도서명	글/그림	출판사
측정	비교하기	• 누구 발에 맞을까	이소라/이혜리	비룡소
	순서 짓기	• 커다란 순무	알렉세이 톨스토이/헬렌 옥스버리	시공주니어
		• 장갑	에우게니 M.라쵸프	한림
		• 그건 내 조끼야	나카에 요시오/우에노 노리코	비룡소
규칙성(패턴)		• 아주 멋진 실수	신순재/김복태	아이세움
자료의 정리 및 분석	분류	• 개구리와 두꺼비는 친구	아놀드 로벨	비룡소
		• 모자 사세요	에스퍼 슬로보드키나	시공주니어
	자료분석(그래프)	• 배고픈 애벌레	에릭 칼	한국몬테소리
시간		• 사과나무	미라로베/안겔리카 카우프만	한국몬테소리
		• 시간이 뭐예요?	파스칼 에스텔롱	문학동네

둘째, 그림책과 관련된 수학적 개념을 습득하기 위한 교육활동을 계획한다.

셋째, 영역별 관련활동을 계획하여 다양한 활동을 통해 수학적 개념의 확장 및 심화가 이루어질 수 있도록 한다.

다음은 『개구리와 두꺼비는 친구』(아놀드 로벨 지음)에 대한 수학적 개념활동망과 영역별 통합활동망의 예이다.

• 분류- 색깔, 모양, 단춧구멍 수, 크기, 두께에 따라 단추 분류하기

• 비교- 여러 가지 단추 비교 벤다이어그램

• 순서 짓기- 크기순으로 놓아보기

• 수세기- 친구 옷에 달린 단추의 개수 조사

• 자료분석(그래프)- 단추 개수가 0, 1, 2, 3, 4, 5, 6인 친구들의 수그래프

〈수학적 개념활동망〉

〈언어〉
- **동화 듣기**-『개구리와 두꺼비는 친구』
- **이야기 나누기**-잃어버린 물건에 대한 경험과 물건을 잘 보관하는 방법

〈수학〉
- **비교**-여러 가지 단추비교 벤다이어그램
- **분류**-색깔, 모양, 단춧구멍 수, 크기, 두께에 따라 단추 분류하기
- **순서 짓기**-단추의 크기순으로 놓아보기
- **수세기**- 친구옷에 달린 단추의 개수 조사
- **자료분석(그래프)**-단추 개수가 0, 1, 2, 3, 4, 5, 6인 친구들의 수그래프

〈조형〉
- 여러 가지 단추 디자인하기
- 지점토나 칼라점토를 사용하여 단추 만들기

〈과학〉
- **탐색**- 여러 가지 단추의 색깔, 모양, 크기, 두께, 단춧구멍 수 등 탐색하기

〈영역별 통합활동망〉

(2) 통합적 수학활동의 전개

그림책을 중심으로 한 통합적 수학활동은 다음과 같이 전개해 나갈 수 있다.

첫째, 그림책의 내용을 유아에게 전달한다. 내용전달 시 책표지를 보고 앞으로 전개될 이야기의 내용을 예측해 보도록 한다. 그림책을 그대로 제시하여 내용을 전달할 수도 있으나 하드보드판과 낚싯줄 등을 사용한 그림동화, 융판동화, 슬라이드, O.H.P, 앞치마동화, 막대동화, TV동화, 인형극 등 다양한 매체를 활용하여 보다 효과적으로 전달하도록 한다.

〈우드락, 낚싯줄, 펠트지를 사용한 그림동화〉

〈상자와 롤막대를 사용한 TV동화〉

둘째, 그림책을 들려준 후 그림책 속에 나타난 수학적 문제를 발견하고 다양한 해결방안을 모색해 보도록 한다. 예를 들어 『배고픈 애벌레』(에릭칼 글 · 그림, 출판사 한국몬테소리)라는 동화를 듣고 왜 애벌레가 배가 아프게 되었는지, 어떻게 아픈 배가 낫게 되었는지 알아보기 위해 일주일간 먹은 음식들을 요일별로 정리하여 그래프로 만들어 보고 그 이유를 분석해 볼 수 있다.

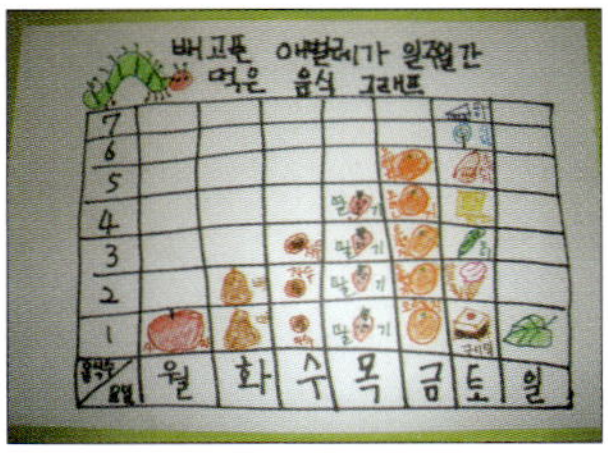

〈배고픈 애벌레가 일주일간 먹은 음식 그래프〉

셋째, 그림책에 포함된 수학적 개념과 기술을 습득하도록 하기 위해 미리 계획한 다양한 영역별 활동들을 전개해 나가도록 한다. 이때 각 활동에는 정해진 순서가 없으며, 계획된 활동들을 모두 경험해야 하는 것도 아니므로 상황에 따라 선택적으로 제공하도록 한다.

(3) 통합적 수학활동을 위한 교사의 역할

그림책을 활용한 통합적 수학활동이 효과를 거두기 위해서는 교사가 적절한 활동을 선정하는 것도 중요하지만 그것을 어떻게 전개해나가야 할 것인지가 더욱 중요하다. 모든 활동전개 시 교사는 교사주도적인 교수방법에서 벗어나 유아주도적인 교수방법을 사용해야 한다. 따라서 교사는 유아들에게 '올바른 방법' 이나 '정답' 을 가르쳐 주기보다는 유아들 간의 상호작용을 통해 수학적 개념을 이해하거나 수학적 문제해결을 도모하도록 하여야 한다. 또한 유아에게 흥미롭고 유의미한 수학적 상황을 통하여 수학적 개념이나 원리에 대한 학습이 가능하도록 활동영역 간의 통합이 이루어지도록 계획하여야 한다.

2. 과학을 통한 유아수학교육

1) 과학을 통한 유아수학교육의 의의

수학과 과학이 통합적으로 적용가능한 것은 수학적 개념의 습득과정에서 사용되는 기술이 과학적 탐색과 실험과정에도 공통적으로 사용된다는 점이다. 특히 측정하기(순서 짓기, 측정), 자료정리 및 분석(분류, 그래프) 등의 기술이 수학과 과학 활동에서 공통적으로 사용되며 유아에게 친숙한 자연물이나 구체적 사물을 다룰 때 자연스럽게 통합적으로 적용될 수 있다.

수학과 과학 활동을 통합함으로써 얻을 수 있는 의의를 살펴보면 다음과 같다.

첫째, 수학과 과학을 통합함으로써 수학적 개념습득과 과학적 기술의 사용을 증가시킬 수 있다.

둘째, 유아들이 흥미를 가지고 주변을 능동적으로 탐색하는 과정에서 수학과 과학적 성취감과 긍정적 태도를 극대화시킬 수 있다.

2) 과학을 통한 유아수학교육의 전개

첫째, 수 · 과학 통합활동을 전개할 때 주로 수학적 개념습득과 과학적 탐색과정에서 사용되는 기술을 공통적으로 적용할 수 있도록 분리된 각각의 활동이 아니라 서로 결합된 하나의 활동으로 전개해 나가도록 한다.

둘째, 수학과 과학 통합활동은 유아주도적인 탐구와 조사활동을 중심으로 전개하도록 한다. 유아주도의 탐구와 조사 활동에는 수집된 자료를 기초로 유아들의 의사소통을 촉진하기 위한 교사의 질문, 표 또는 그래프의 사용, 그림으로의 표상 등이 포함되어야 한다.

셋째, 수학과 과학 통합활동은 문제해결과정에서의 유아들 간 협력이나 사회적 상호작용의 격려, 토의를 통해 유아들 간의 의사소통을 촉진시킬 수 있는 소집단 활동과 개별 유아의 조작적인 탐구활동이 모두 포함되도록 한다.

〈표1-5-2〉 수학적 개념습득과 과학적 탐색과정에서 사용되는 기술이 공통적으로 포함되어 있는 과학활동의 예(과학을 통한 유아수학교육의 실제 참고(p. 253~292))

수학적 개념		주제	과학활동
수와 연산	일대일대응	감각	• 같은 냄새 찾기
	수세기	자연물(꽃)	• 여러 가지 꽃잎의 수세기
		과일	• 과일 속의 알맹이 수세기(귤, 오렌지) • 과일 속의 씨 수세기
		신체	• 신체에 있는 기관들의 숫자 세어보기 (1개-코, 입, 배꼽, 2개(짝이 있는 것)- 눈, 귀, 콧구멍, 팔, 손, 다리, 발, 10개-손가락, 발가락, 손톱, 발톱)
	순서 짓기	자연물 (나뭇잎, 돌)	• 여러 가지 돌을 크기순으로 나열하기 • 여러 가지 나뭇잎을 크기순으로 나열하기
	측정	자연물 (과일, 채소)	• 과일즙의 양 측정하기 • 양파싹의 길이 측정하기 • 햇볕에 기른 콩나물과 햇볕을 가리고 기른 콩나물의 길이측정 비교
		자연현상	• 강수량 측정하기 • 시간이 지남에 따른 그림자의 길이변화 측정
		몸	• 키 측정하기 • 몸무게 측정하기
규칙성(패턴)		자연물(나뭇잎)	• 여러 가지 나뭇잎의 패턴 찾고 비교하기
		소리	• 여러 가지 소리패턴 만들기
자료의 정리 및 분석	분류	자연물 (꽃, 나뭇잎, 돌)	• 여러 가지 꽃잎을 같은 색깔로 분류하기 • 여러 가지 나뭇잎을 같은 색깔, 모양으로 분류하기 • 여러 가지 돌을 같은 색깔, 모양으로 분류하기
		물체	• 자석에 붙는 것과 붙지 않는 것 분류하기 • 물에 뜨거나 가라앉는 것 분류하기
		감각	• 여러 가지 소리 분류하기 (시끄러운 소리/조용한 소리, 실내에서 나는 소리 / 실외에서 나는 소리 등) • 여러 가지 맛 분류하기(신맛, 짠맛, 단맛 등) • 차가운 것과 따뜻한 것 분류하기 (얼음, 찬물주머니, 삶은 감자, 핫팩 등의 실물 또는 전기난로, 찌개, 차 등의 사진 또는 그림 카드)
	자료 분석 (그래프)	몸	• 우리 반 친구들의 키 비교 그래프
		자연물	• 콩나물 성장 그래프
		자연현상	• 강수량 변화 그래프 • 그림자의 길이변화 그래프

3. 요리활동을 통한 유아수학교육

수학적 개념은 유아의 일상생활 속에서 구체적인 사물을 조작하는 과정에서 습득하기 쉽다. 요리활동의 계획과 준비, 요리, 상차리기까지의 모든 과정은 수학적 개념습득과정에서 필요한 기술이 공통적으로 포함된다. 안상원(1995)은 요리활동을 통한 유아의 수 개념 발달연구에서 분류와 측정능력을 향상시키는 데 요리활동이 효과적임을 입증한 바 있다. 요리활동을 통해 얻을 수 있는 수학적 개념들을 살펴보면 다음과 같다(정연희, 2003).

1) 분류

분류는 여러 가지 물체나 사물의 유사점과 차이점을 비교하고 공통된 속성에 따라 배열하는 과정을 말한다.

요리활동에서의 분류는 주로 요리재료의 구입 및 요리재료의 손질과정에서 관찰과 탐색을 통하여 이루어진다. 유아들은 보통 엄마와 함께 슈퍼나 시장에 가서 요리재료를 고르면서부터 다양한 요리재료를 탐색할 기회를 갖는다. 슈퍼나 시장은 여러 가지 과일, 채소, 어 · 육류, 우유 및 유제품, 여러 가지 잡곡, 가공식품 등을 구비하고 있어 유아에게 관찰의 기회를 풍부히 제공할 뿐 아니라 탐색, 관찰, 비교, 분류 등을 할 수 있는 볼거리를 제공한다. 예를 들어 과일코너, 채소코너 등에 분류되어 있는 과일과 채소를 보고 과일과 채소의 종류에는 어떤 것들이 있으며 무엇이 과일이고 채소인지 분류할 수 있는 능력을 기를 수 있을 것이다.

〈요리재료 탐색 시 과일과 채소를 분류하고 있는 유아들〉

과일화채를 만들기 위해 필요한 과일을 선정할 때도 다양한 색과 모양, 촉감, 냄새, 맛을 경험할 수 있는 과일들을 구입하여 유아들이 재료를 씻고, 다듬고, 자르는 과정에서 여러 과일의 유사점과 차이점, 속성들을 찾아내도록 하는 것이 좋다. 이렇게 함으로써 유아들은 여러 과일들을 비교할 수 있을 뿐만 아니라 서로 간의 관계성을 찾아내고 한 가지 속성 또는 여러 가지 속성으로 분류할 수 있게 된다. 예를 들어 바나나와 참외는 달콤한 맛을 느낄 수 있다는 속성과 껍질의 색이 노랗다는 두 가지 속성면에서 함께 분류가 가능하다.

〈여러 가지 과일탐색〉

〈과일의 공통점과 차이점 비교〉

2) 측정

Copley(2000)는 유아의 측정활동에 길이, 면적, 무게, 부피, 온도, 시간의 측정이 포함되어야 한다고 보았다. 유아들은 다양한 측정활동을 통해 측정과 관련된 어휘를 습득하고 여러 측정도구를 탐색함으로써 보존개념, 추론능력, 측정단위에 대한 이해를 발달시켜 나갈 수 있다. 그러므로 계량컵, 온도계, 양팔저울, 시계, 타이머 등의 측정도구를 사용하고 여러 종류의 그릇과 다양한 형태의 재료를 선택 · 조리해야 하는 요리활동이야말로 측정에 가장 적합한 활동이라고 할 수 있다. 예를 들어 쿠키나 컵케이크와 같이 정확한 측정을 필요로 하는 요리의 경우 유아들은 부피나 양의 측정개념을 얻을 수 있을 것이며 삶은 달걀을 만들기 위해서는 '끓는 물에서 10분' 이라는 온도와 시간의 개념을 얻을 수 있을 것이다.

〈핫케이크를 만들기 위해 계량컵에 우유를 넣고 있는 유아〉

〈시계나 타이머를 사용하여 끓는 물에서 10분간 계란 삶기〉

〈과일잼을 만들기 위해 설탕의 양과 사과의 양이 같도록 양팔저울을 사용하여 측정하기〉

3) 어림잡기와 수세기

요리활동은 유아들이 수를 어림잡고 세어 볼 수 있는 좋은 기회를 제공한다. 수세기를 연습하는 것은 숫자체계를 이해하고 익숙하도록 하는 데 도움이 된다.

- 과일화채를 만들 때 오렌지 속에 알맹이가 몇 개 들어있는지 예측해 보고 오렌지껍질을 벗겨 그 속에 알맹이가 몇 개 있는지 세어보도록 한다. 다른 오렌지 속의 알맹이도 같은 개수인지 알아본다.

〈과일화채를 만들기 위해 오렌지 속 알맹이를 세어보고 있는 유아들〉

4. 동요를 통한 유아수학교육

대부분의 유아들은 자발적으로 노래 부르기를 즐길 뿐 아니라 다른 사람이 부르는 동요도 즐겨 듣는다. 뿐만 아니라 유아들은 소꿉놀이, 실외놀이 등에 몰두하며 배운 동요를 중얼거리거나 그 동요에 맞추어 리듬 있게 몸을 움직이기도 한다(김명순 · 조명자, 2002).

1) 동요의 선정

동요를 선정할 때는 다음의 다섯 가지 특성을 고려하여 선택하여야 한다.

첫째, 동요의 내용을 고려하여야 한다. 제목과 가사내용이 유아의 발달에 비해 복잡하고 어려운지를 판단하여야 한다.

둘째, 노래의 음의 범위로는 일반적으로 오선상에 있는 음표가 유아의 목소리에 적합하며 오선의 위나 아래 있는 음표는 발달에 부적합하다.

셋째, 어린 유아일수록 노래의 반복을 즐기므로 이를 고려하도록 한다.

넷째, 노래의 복잡성을 고려한다. 어린 유아는 단일 멜로디와 리듬이 반복되는 단순한 노래를 즐기며, 나이든 유아에게는 복잡한 형태의 다양한 멜로디와 리듬변화를 가지고 있는 노래가 적합하다.

다섯째, 유아들이 즐겨 부르는 노래의 유형을 고려한다.

- 반복되는 단어가 있고, 재미있고 우스운 말이 있는 노래, 리듬패턴이 반복되는 노래
- 자기 자신과 관련된 노래- 자신이 좋아하는 것, 신체, 옷색깔 등에 관한 노래
- 자신에게 친근한 일상경험을 다루고 있는 노래- 잠자기, 이닦기, 옷입기 등
- 자신과 친근한 관계인 가족이나 친구에 관한 노래, 생일과 같이 특별한 행사와 관련된 노래, 유치원활동에 관한 노래, 계절과 관련된 노래
- 동작활동이나 역할놀이를 함께 할 수 있는 노래- 손유희, 신체표현
- 유아가 흥미있어하는 주제(공룡, 동식물 등)와 관련된 노래
- 기본적인 개념을 확장하는 노래(숫자놀이, 색깔노래, 모양노래, 방향노래 등)

이러한 모든 요소를 고려하여 수학적 개념을 습득할 수 있는 노래들을 살펴보면

다음과 같다.

〈표1-5-3〉 수학적 개념이 포함된 노래

수학적 개념	관련 노래
순서 짓기	더 빠른 것 더 느린 것, 돌과 물, 곰 세 마리, 간다간다
수 인식	숫자놀이
수세기	숫자풀이, 열작은 인디언, 다섯작은 꾀꼬리, 코끼리와 거미줄, 숫자송
일대일 대응	똑같아요, 내 몸에 둘씩 있어요
공간	둘이 살짝, 오른발 왼발, 옆에 옆에, 꼬마야 꼬마야, 호키포키
측정	맹꽁, 목욕탕저울
시간	나의 하루, 월화수목금토일, 일주일

5. 게임을 통한 유아수학교육

1) 게임의 교육적 가치

게임은 놀이과정에서 이루어지나 모든 놀이가 게임으로 발전하는 것은 아니다. 게임을 하기 위해서는 규칙을 지켜야 하고 다른 사람과 자발적으로 협동을 해야 되기 때문이다.

유아들에게 적용가능한 집단게임의 유형은 목표물 맞히기 게임, 경기게임, 쫓기 게임, 숨기기 게임, 알아맞히기 게임, 언어적 지식게임, 카드게임, 판 게임 등이 있다(Kamii & Devries, 1980). 이러한 집단게임은 유아의 에너지발산, 오락 등을 위해서 할 뿐만 아니라 유아의 신체적, 지적, 사회적 발달에 도움을 준다.

2) 게임선정의 기준

유아들에게 유의미한 게임을 선정하기 위해서는 다음과 같은 사항을 고려해야 한다.

첫째, 모든 놀이자가 게임에 능동적으로 참여할 수 있도록 이해하기 쉽고 재미있고 도전적인 것이어야 한다.

둘째, 수의 연산, 공간, 도형, 측정, 규칙성, 자료의 정리 및 분석, 시간 등 수학적 개념이 포함되면서 유아의 발달수준에 맞는 게임이어야 한다.

3) 게임을 통한 유아수학교육의 전개

유아는 주로 일상생활에서 이루어지는 비형식적인 활동을 통해 수학적 사고를 발달시킨다. 특히 놀이의 한 형태인 게임을 활동으로 계획하는 것은 유아로 하여금 환경과의 왕성한 상호작용을 갖게 하여 유아의 인지발달을 효과적으로 이루도록 한다.

집단게임을 통해 수학적 개념을 습득하도록 하려면 다음과 같은 점들을 고려하도록 한다.

첫째, 교사는 유아에게 너무 어렵지도 쉽지도 않은 게임을 선정한다. 처음에는 단순한 게임을 제공하고 차츰 어려운 게임을 제공하도록 한다.

둘째, 게임은 대집단활동 시간에 시범을 보이고 몇 명의 유아와 게임을 직접 해보는 방법으로 소개한다. 이러한 방법은 주로 게임판을 사용하는 게임을 소개할 때 유용하다. 이때 복잡한 규칙을 포함하는 것은 바람직하지 않으며 간단한 게임규칙을 유아들과 함께 만들어 정하는 것도 유아들의 참여동기와 게임의 효과를 높일 수 있다.

또한 복잡한 게임을 소개할 경우 많은 시간이 소요되기는 하지만 소집단으로 게임을 소개하여 모든 유아가 교사와 함께 게임을 조작해 볼 기회를 주도록 한다.

그리고 잘 이해하지 못한 유아들은 다른 유아들을 통해 게임을 배울 수 있도록 배려하고 조작해 볼 기회를 많이 주어 게임진행방법에 익숙해지도록 한다.

셋째, 게임 시 친구와의 상호작용을 장려하고 경쟁보다는 문제상황에서 함께 해결해나갈 수 있는 협동을 강조하도록 한다.

4) 집단게임의 유형

Kamii와 DeVries(1980)가 분류한 여덟 가지 유형의 집단게임을 살펴보면 다음과 같다.

첫째, 목표물 맞추기 게임은 놀이자가 어떤 물체를 표적으로 정하고 이를 맞추는 게임이다. 목표물을 맞추는 방법에는 던지기, 떨어뜨리기, 굴리기, 차기 등이 있다. 비석 치기, 볼링, 오자미 던지기, 과녁 맞추기 등의 게임이 있고 이를 통해 위치 · 방향 · 거리 등의 공간개념, 수세기, 수 연산 등의 수 개념을 발달시킬 수 있다.

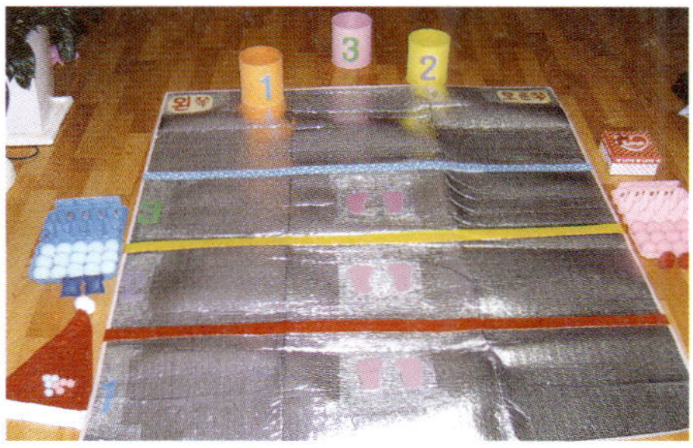

〈오자미 던지기 게임- 오른쪽, 왼쪽 등의 방향과 가깝다 멀다의 거리, 통 안에 들어간 오자미 수세기 등의 수 개념이 포함되어 있다〉

〈과녁에 공 맞추기 게임- 거리나 수세기, 수 연산 등의 수 개념이 포함되어 있다〉

둘째, 경주게임은 같은 시작선과 시간에서 출발하여 먼저 목표지점에 도착하는 사람이 이기는 게임으로 의자빼기 게임이나 숟가락으로 공 나르기 게임 등이 있다. 게임을 통해 일대일 대응과 수세기, 수 연산 등의 수 개념을 발달시킬 수 있다.

셋째, 쫓기 게임은 다른 유아는 쫓고 나머지 유아들은 도망가는 게임으로 술래잡기나 수건 돌리기, 꼬리잡기 등의 게임이 있다. 게임을 통해 위치 · 방향 · 거리 등의 공간개념과 수세기, 수 연산 등의 수 개념을 발달시킬 수 있다.

넷째, 숨기기 게임은 술래 모르게 물체를 숨기거나 술래가 아닌 유아들이 술래에게 잡히지 않도록 몰래 숨는 게임이다. 게임을 통해 물체나 대상의 크기와 숨을 공간과의 관계와 위치, 방향, 거리 등의 공간개념을 발달시킬 수 있다.

다섯째, 알아맞히기 게임은 촉각, 청각, 후각, 미각 등을 사용해 알아맞히거나 언어적 단서를 통해 해답을 찾는 놀이로 상상력, 추리력을 발달시키며 주의집중력과 사물의 명칭을 이해하고 확장시켜나가는 능력을 발달시킬 수 있다. 뿐만 아니라 사물의 명칭과 실제 사물과의 대응을 통해 일대일 대응과 같은 수 개념을 발달시킬 수 있다.

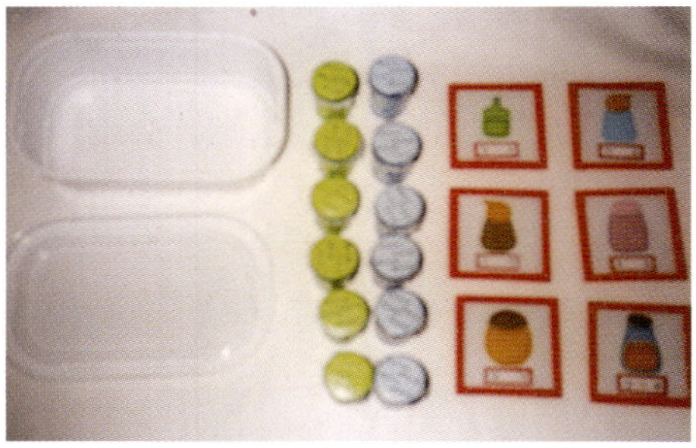

〈같은 냄새가 나는 통 알아맞히기 게임〉

여섯째, 언어적 지시 게임은 다른 사람의 말을 집중해서 듣고 지시에 따라 행동을 하는 게임으로 '부르는 숫자만큼 모이기 게임' 을 예로 들 수 있다. 이 게임을 통해 수 명칭과 수량을 대응시킬 수 있고 수세기 등의 수 개념을 발달시킬 수 있다.

일곱째, 카드게임은 짝맞추기, 순서대로 배열하기, 비교하기, 집합분배 게임 등이 있다.

- 짝맞추기 게임- 주로 같은 짝을 찾는 기억력 게임을 예로 들 수 있다. 일대일 대응의 수 개념을 발달시킬 수 있다.

〈기억력게임〉

• 순서대로 배열하기 게임- 패턴을 보고 순서대로 배열해 보는 게임을 예로 들 수 있다. 규칙성(패턴)개념을 발달시킬 수 있다.

• 비교하기 게임- 큰 수와 작은 수의 수량을 비교하는 게임을 예로 들 수 있다. 수량개념을 발달시킬 수 있다.

〈그림카드를 사용한 큰수와 작은 수 비교게임〉

• 집합분배 게임- 합해서 5 만들기 게임, 합해서 10 만들기 게임을 예로 들 수 있으며 더하기, 빼기, 부분과 전체개념을 발달시킬 수 있다.

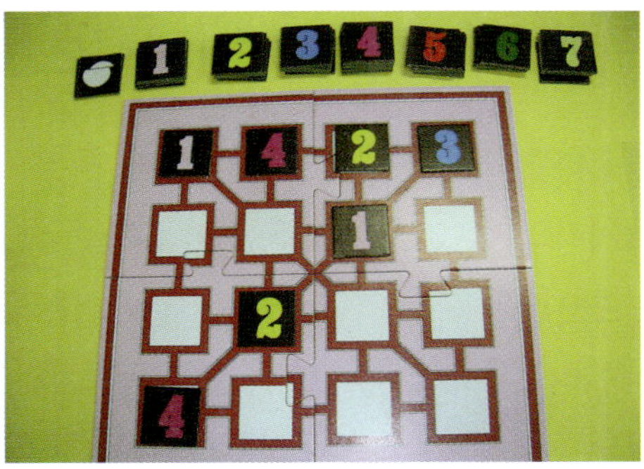

〈합해서 10 만들기 게임〉

- 판 게임- 주사위를 던지거나 회전판에 돌려 나타난 숫자만큼 앞으로 이동하거나 그 수만큼 사물을 모으는 게임을 말한다. 게임을 통해 수세기나 더하기, 빼기 등의 수 연산개념을 발달시킬 수 있다.

① 숫자만큼 놀이판을 이동하여 목표지점에 도달하는 게임

〈등산하기 게임〉

〈나의 하루일과 게임〉

② 주사위를 던지거나 회전판을 돌려 나온 수만큼 사물을 모으는 게임

〈열매 따기 게임〉

〈로봇 건전지 채우기 게임〉

제6장 유아수학교육의 환경구성

1. 물리적 환경구성

1) 수학영역

유아수학교육은 가정, 공공장소, 유아교육기관 등 어느 곳에서나 이루어질 수 있지만 유아들이 다니는 유아교육기관을 통해 주로 형식적이면서 비형식적인 교육이 행해진다.

유아교육기관에는 언어, 수, 과학, 조작, 조형, 역할, 블록 등 다양한 영역이 있으며 자유선택시간을 통해 자유롭게 모든 활동이 이루어진다. 특히 잘 구성된 수학영역은 유아들이 수학적 흥미와 관심을 가지고 활동에 참여하도록 이끈다. 수학영역 구성 시 고려하여야 할 사항을 살펴보면 다음과 같다(김영선 외 2인, 1997; 이경우 외 3인, 1997; 한유미, 2003).

첫째, 융통성 있는 영역구성과 충분한 활동공간이 확보되도록 한다.

수학영역은 수학활동뿐 아니라 조작과 과학영역이 함께 공존하는 경우가 많다. 따라서 교육과정상 수학활동이 차지하는 비중에 따라 융통성 있게 영역을 배치하도록 하여야 한다. 수학영역은 4~5명 정도의 유아들이 들어갈 수 있도록 충분한 활동공간을 필요로 하며 양팔저울과 저울추와 같은 측정도구 외에 조작 및 퍼즐, 게임 교구와 교구장, 그래프나 표상활동 결과물 등을 전시할 게시판 등으로 구성하도록 한다. 또한 유아들이 활동하는 공간에는 책상과 의자를 놓거나 바닥에 카펫을 깔아 함께 작업하기 편하게끔 배려하도록 한다.

둘째, 교구장을 활용하여 유아가 활동자료를 효율적으로 사용하고 정리할 수 있도록 한다. 교구장은 다른 영역과의 구분을 지어주고 유아가 활동자료를 손쉽게 꺼내어 사용하고 정리할 수 있도록 하는 데 도움을 준다. 교구장의 윗부분에는 활동자료의 크기가 크거나 자리를 많이 차지하는 것, 간단하거나 자주 다루어지는 것을 배치한다. 아랫부분에는 자료의 크기가 작거나 조심스럽게 다루어야 할 것들을 배치하도록 한다. 또한 활동자료의 정리와 보관이 용이하도록 말이나 주사위 등과 같이 작아서 분실위험이 있는 것들은 상자나 바구니를 이용해 담을 수 있도록 하고 활동 후 정리가 가능하도록 배치장소나 정리함에 글이나 그림으로 표시를 붙여놓는다. 또한 게임판에는 유아 스스로 활동이 가능하도록 활동명과 활동방법을 적어 붙여 놓도록 한다.

셋째, 퍼즐, 게임교구, 페그보드, 지오보드, 양팔저울 등과 같은 기본적인 수 교구 외에 생활주제와 관련이 있거나 일상생활에서 친숙한 수학활동 자료들을 수학영역에 배치하도록 한다. 예를 들어 '바다에서 볼 수 있는 것'이 생활주제인 경우 우유팩이나 칸이 여러 개 있는 상자 등을 사용하여 분류상자를 만들고 여러 가지 조개를 모양, 크기, 색깔별로 분류하거나 크기순으로 순서 짓는 활동을 해볼 수 있다. 또한 전자계산기, 시계, 달력 등과 같이 친숙한 자료들을 배치하여 유아들의 수 개념획득에 도움을 줄 수 있다.

2) 수학활동 자료

수학활동 자료를 제공할 때 다음과 같은 사항을 고려하도록 한다. 첫째, 수 개념이 포함되어 있으며 유아들의 흥미를 불러일으킬 수 있고 발달수준에 적합한 활동자료를 제공하여야 한다. 둘째, 활동을 통해 문제해결을 하는 과정에서 수학적 사고력을 기를 수 있는 활동자료를 제공하도록 하여야 한다. 셋째, 조개, 돌, 구슬, 바둑알과 같은 실물자료와 구체적 조작이 가능한 교구를 반복적으로 사용함으로써 수학적 개념을 구성하는 데 도움을 줄 수 있도록 한다.

수학적 개념이 포함된 활동자료들을 살펴보면 다음과 같다.

■ 일대일 대응 활동자료

- 실물자료: 볼트와 너트, 미니차와 차고, 병과 병뚜껑
- 교구: 페그보드, 패턴블록, 메모리게임 및 교사제작 교구

〈볼트와 너트〉

〈페그보드〉

〈패턴블록과 모양카드〉

〈메모리게임〉

〈과일의 겉과 속〉

〈같은 채소 맞추기 게임〉

■ 수세기와 수 연산자료

- 실물자료: 단추, 구슬, 돌, 병뚜껑, 바둑알, 계산기
- 교구: 모래종이 숫자카드, 숫자와 수세기 단추, 수카드와 끼우기 블록, 더하기와 빼기교구, 큰 수와 작은 수 관련 교구, 교사제작 교구

〈모래종이 숫자카드〉

〈숫자와 수세기 단추〉

〈수카드와 끼우기 블록〉

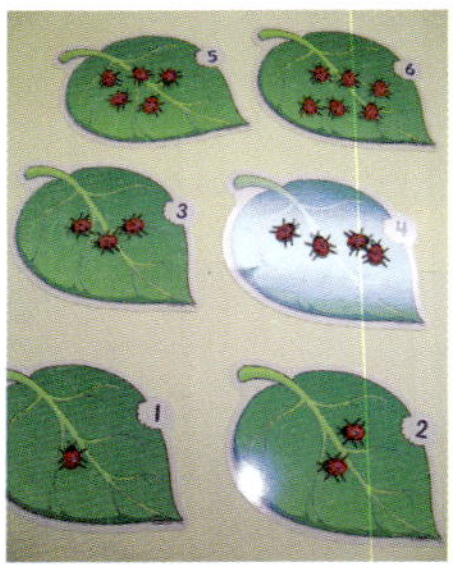

〈수세기 교구〉

〈더하기와 빼기 교구〉

〈큰 수, 작은 수 관련 교구〉

■ 수의 부분과 전체 활동자료

- 관련 교구: 합해서 숫자 10 만들기, 교사제작 교구

〈합해서 숫자 10 만들기〉

〈합해서 숫자 5 만들기〉

■ 도형 활동자료

• 입체도형 자료: 입체도형, 공, 깡통, 화장품 용기, 다양한 상자

〈구, 타원체, 원기둥, 삼각기둥, 직육면체, 정육면체, 원뿔 〉

• 평면도형 자료: 기본도형, 기본도형판, 탱그램, 패턴블록, 지오보드

〈기본도형(이등변삼각형, 직사각형, 정사각형, 원, 정삼각형)〉

〈기본도형판(정사각형, 정삼각형, 원)〉

〈패턴블록과 카드〉

〈패턴블록〉

〈지오보드〉

■ 순서 짓기 활동자료

• 실물자료: 단추, 조개, 돌, 동전, 나뭇잎, 열매, 병뚜껑, 블록 등

• 교구: 꼭지 없는 원기둥, 교사제작 교구

〈여러 가지 돌 순서 짓기〉

〈여러 가지 나뭇잎 순서 짓기〉

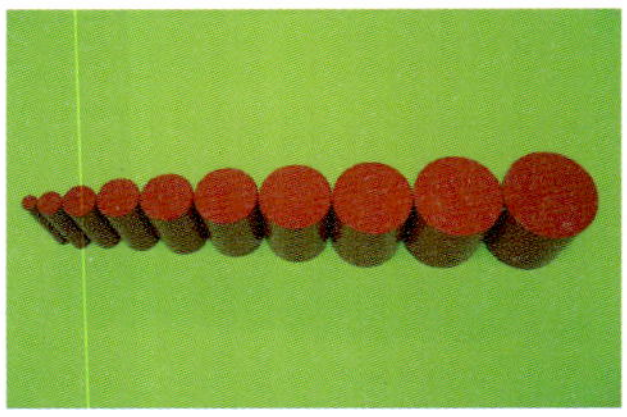

〈꼭지 없는 원기둥- 둘레 순서 짓기〉 〈여러 과일 크기대로 순서 짓기〉

■ 측정 활동자료

- 길이 측정자료: 막대, 끼우기 블록, 리본, 색 테이프, 자, 줄자, 길이측정 활동판과 측정도구 등
- 무게 측정자료: 양팔저울, 비표준화 도구(지우개, 블록, 지우개, 주사위, 구슬)
- 부피 측정자료: 우유팩, 요쿠르트병, 페트병, 작은 플라스틱컵, 양동이, 투명물놀이테이블, 모래, 물, 곡류, 계량컵
- 온도 측정자료: 온도계
- 시간 측정자료: 타이머

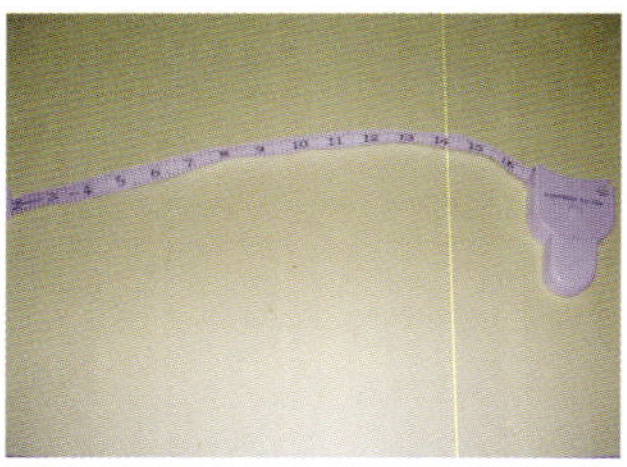

〈줄자〉

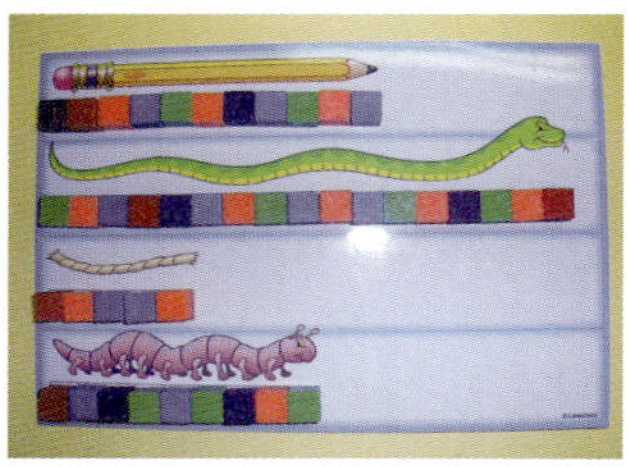

〈길이측정 활동판과 측정도구〉

〈양팔저울과 블록〉

〈계량컵〉

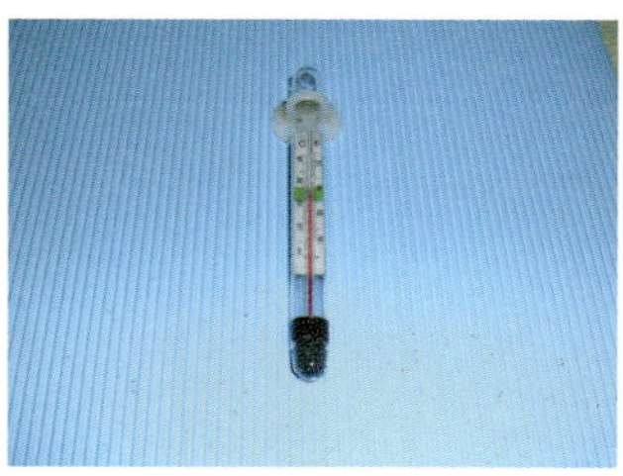

〈온도계〉

〈타이머〉

■ 규칙성(패턴) 활동자료

- 색 모양 구슬 꿰기, 패턴 활동판과 과일모형

〈색 모양 구슬 꿰기〉

〈패턴 활동판과 과일모형〉

■ 분류 활동자료

- 실물자료: 단추, 조개, 돌, 동전, 꽃, 나뭇잎, 열매, 병뚜껑, 블록 등
- 그림자료: 잡지, 카탈로그
- 교구: 색 모양 판, 여러 가지 분류교구, 교사제작 교구

〈단추와 단추분류 상자〉

〈여러 가지 꽃〉

〈나뭇잎〉

〈색 모양 판〉

〈동물분류 교구〉

〈색 모양 분류교구〉

〈가게물건 분류〉

〈우리 집에 있는 것 분류〉

〈몸에 좋은 음식과 나쁜 음식〉

■ 그래프 활동자료

• 색깔 자동차 모형 그래프

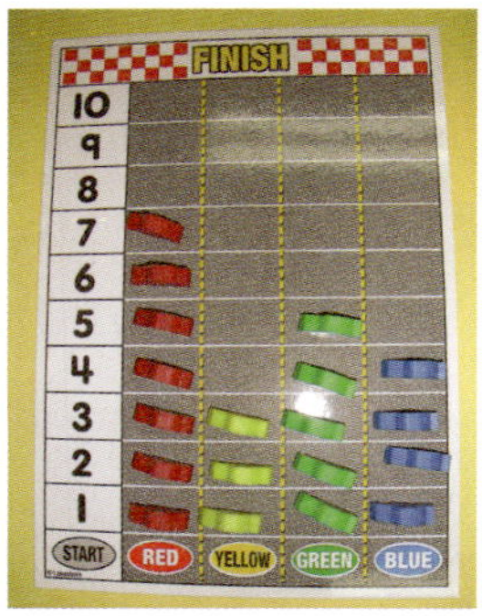

〈색깔 자동차 모형 그래프〉

■ 시간 활동자료

• 실물자료: 시계, 달력

• 교구: 시계교구, 달력교구

〈시계〉

〈달력〉

〈시계교구〉

〈달력교구〉

■ 기타 활동자료

- 계산기, 리모콘, 휴대폰

〈계산기〉

〈리모콘〉

〈휴대폰〉

2. 집단구성

유아수학교육은 활동의 특성과 활동에 참여하는 유아의 수에 따라 대집단, 소집단, 개별활동으로 나누어진다. 이때 유아의 흥미를 반영하고 유아주도적인 활동이 이루어질 수 있도록 집단을 구성하도록 하여야 한다.

1) 대집단 구성

유아수학교육 활동은 유아에게 활동의 기회가 많이 제공되고 교사-유아 간, 유아-유아 간의 상호작용이 활발히 이루어질 수 있다는 점에서 소집단이나 개별활동으로 구성되는 것이 바람직하나 활동공간을 크게 차지하고 소음이 많으며 동적 움직임이 많은 경우 대집단으로 구성하도록 한다.

예를 들어 교사가 새로운 수학활동이나 교구를 소개할 때, 수학개념이 포함된 새 노래를 배우거나 그림동화를 들을 때, 대집단게임 활동을 할 때, 반전체 유아들의 기호도나 조사내용을 통계적으로 표현할 때, 수학활동이 끝난 후 활동결과에 대한 평가시간을 가질 때에는 대집단으로 활동을 구성한다.

〈새로운 교구소개 활동〉

〈'좋아하는 과일' 통계조사 활동〉

〈집단게임 활동〉

〈수세기와 관련된 새 노래 배우기 활동〉

2) 소집단 구성

소집단은 4~5명의 유아가 함께 참여함으로써, 활동의 목적을 달성하고 협력을 통해 문제를 해결하기 위해 주로 구성을 한다. 소집단은 공통의 관심사를 가진 유아들끼리 자발적으로 구성하기도 하고, 교사가 유아의 성별, 발달수준, 흥미 등을 고려하여 구성하기도 한다. 소집단구성은 교사의 개별적인 배려가 가능하고 유아에게 보다 적극적으로 활동을 탐색할 기회를 제공한다. 특히 소집단구성은 또래간 상호작용이 활발히 일어나도록 하여 유아 자신이 이미 가지고 있는 사전지식이나 개념을 수정하거나 타인이 제안한 새로운 지식이나 개념을 공유하고 받아들일 수 있는 기회를 제공한다.

유아수학교육 활동에서의 소집단구성은 분류활동에서 사물의 특성을 탐색하고 공통점과 차이점을 비교할 때, 교구를 사용하여 함께 게임을 할 때, 측정활동에서 유아들끼리 키재기를 하면서 어떤 도구를 사용하여 잴 것인지 토론할 때 이루어진다.

〈교구를 사용한 게임활동〉

3) 개별활동

개별활동은 교사의 의도와 상관없이 유아 스스로 활동을 선택하고 자발적으로 활동을 수행할 때 이루어진다. 유아수학교육 활동에서 개별활동은 주로 새로운 교구를 반복적으로 조작하여 익숙해지도록 할 때, '나와 관련 있는 숫자조사' 와 같이 유아 자신과 관련된 과제가 제공될 때 이루어진다.

제7장 유아수학교육의 평가

1. 유아수학교육 평가의 유형

유아수학교육에 있어서 평가목적은 크게 세 가지로 나눌 수 있다. 첫째, 유아의 수학적 개념의 이해정도를 측정하고 유아에게 어려운 영역을 진단하는 것과 같이 유아의 수학활동에 대한 준비도를 알아보기 위해 평가를 한다. 둘째, 수학활동이 진행되는 동안 교수-학습과정이 효율적으로 진행되고 있는지 알아보기 위해 평가를 한다. 셋째, 수학활동이 끝난 후 본래의 교육목적에 맞게 교육적 효과를 달성했는지 알아보기 위해 평가를 한다. 넷째, 교사가 선정한 수학교육의 내용 및 교수방법의 적절성 및 타당성을 검증하기 위해 평가를 한다.

이러한 평가의 목적에 따라 평가의 유형을 나누어 보면 다음과 같다(NAEYC, 1991; 이경우 외 3인, 1997; 김영선, 2002) .

1) 진단평가

진단평가는 수학교육 활동이 이루어지기 전에 유아의 수학적 준비도를 평가하는 것이다.

이는 유아가 현재 알고 있는 것이나 할 수 있는 것에 대한 진단을 함으로써 유아의 연령과 발달에 적합한 교육활동을 계획하고 실행하는 데 도움을 줄 수 있다. 진단평가의 방법으로는 표준화된 검사(지능검사, 성취도검사, 준비도검사 등)와 교사 제작 검사가 있다.

2) 형성평가

형성평가는 수학활동이 실행되고 있는 동안 교수-학습과정이 효율적으로 진행되고 있는지를 알아보기 위해 실시하는 평가를 말한다.

형성평가에는 유아의 발달에 대한 평가와 교사에 대한 평가가 있다. 유아의 발달에 대한 평가는 교사가 유아의 수학활동과정에 대한 관찰과 일화기록을 통해 평가하는 방법과 유아가 스스로 표시를 하는 체크리스트를 통해 평가하는 방법이 있다. 교사에 대한 평가는 교사의 교육활동계획과 실행과정에 대한 자기평가를 의미하며 주로 체크리스트를 사용하여 평가한다. 주관적 평가를 막기 위해 동료교사와 함께 체크리스트 목록을 작성하고 평가하는 것이 바람직하다.

3) 총괄평가

총괄평가는 수학활동이 본래의 목적을 효과적으로 달성하였는지 알아보기 위해 여러 방법으로 평가한 결과물들을 모아 최종적으로 결론을 내리는 평가를 의미한다. 평가의 내용에는 유아 개인의 발달, 전체 유아의 발달, 가정 및 사회적 배경에 대한 것 등이 포함될 수 있다.

2. 유아수학교육 평가의 방법

1) 관찰법

관찰법은 자연스러운 상황에서 관찰하는 자연적 관찰과 일정한 시간에 정해진 대상을 규칙적으로 관찰하는 방법이 있다. 자연적 관찰은 수학적 상황이 나타날 때에만 기록하므로 수시로 상황을 체크하기 어렵고 모든 유아의 발달을 체크하기 어렵다. 따라서 유아의 수학적 발달을 정확하게 기록하기 위해서는 관찰시기와 대상을 정해 놓고 규칙적으로 관찰하는 계획된 관찰이 필요하다. 관찰의 방법에는 일화기록, 평정척도, 체크리스트의 방법이 있다.

(1) 일화기록법

일화기록법은 유아가 수학활동과정에서 사물의 조작이나 또래와의 상호작용을 통해 나타내는 수학적 개념이나 수학적 과정기술 등을 관찰하여 구체적으로 기록하는 방법으로 수학활동 프로그램에 대한 평가와 유아의 발달상황에 대한 평가를 함께 할 수 있다. 일화를 기록할 때는 객관적이고 사실적으로 기록을 하도록 하며 이에 따른 해석은 유아의 수학적 발달과 학습에 대한 자료를 참고로 객관적으로 서술하도록 한다. 또한 기록날짜, 시간, 유아의 연령, 활동영역이나 상황 등에 대한 내용을 반드시 기록하도록 한다.

- 관찰유아: 정보민
- 생년월일: 2003. 5.15
- 성별:(남), 여
- 현재 유아연령: 5년 1개월
- 관찰자: 이연진
- 관찰일시: 2008.6.7
- 관찰시간: AM 10: 20-10:30
- 관찰상황: 과학영역 과일과 채소탐색

기록

보민, 현준, 상호, 동철, 미정, 효진이 과학영역에서 과일과 채소를 나누고 있다. 보민은 동철에게 호두를 건네며 "이거 과일 있는 데 넣어"라고 한다. 동철은 "호두는 과일이 아니야. 과일처럼 달지도 새콤하지도 않고 딱딱해."라고 하면서 호두를 채소 있는 쪽에 놔둔다. 보민은 "이건 과일이야. 나무에서 열리는 딱딱한 열매야. 채소는 밭에서 길러. 그러니까 과일에 넣어"라고 하면서 과일쪽에 호두를 놓는다.

평가

보민은 과일과 채소의 차이에 대해 정확히 알고 있었으며 또래에게 그 차이를 설명할 줄 알았다. 분류개념이 성립되기 위해 사물의 물리적 속성을 파악하는 것과 사물의 공통점과 차이점을 아는 것이 필요하다. 보민은 과일과 채소가 나는 곳이 다름을 알고 있었으며 호두를 과일이라고 분류할 수 있었다.

(2) 평정척도법

평정척도는 평가할 목록을 미리 선정하여 척도와 함께 제시하는 방법이다. 평정척도는 수학활동의 수행 여부뿐 아니라 수행정도를 측정할 수 있는 질적인 평가방법이다. 척도는 주로 홀수로 구분하며 3점 척도, 5점 척도, 7점 척도로 나눈다. 다음은 도형개념과 관련된 5점 평정척도의 예이다.

	내 용	매우 그렇다	약간 그렇다	보통이다	아니다	전혀 아니다
1	사물의 모양에 관심을 갖는가?					
2	동그라미 모양의 사물을 보고 이름을 말할 수 있는가?					
3	네모모양의 사물을 보고 이름을 말할 수 있는가?					
4	세모모양의 사물을 보고 이름을 말할 수 있는가?					

(3) 체크리스트

체크리스트는 평가할 항목들을 미리 나열해 놓고 해당되는 칸에 간단히 기입하는 것으로 수학활동에서 측정하고자 하는 내용에 해당되는 행동을 유아가 하고 있는지 아닌지 수행 여부를 있는 그대로 평가하는 방법이다. 이 방법은 유아의 수 개념수준이나 수활동영역을 쉽게 확인할 수 있다는 장점이 있는 반면 제시되지 않은 항목에 대한 평가가 어렵다는 단점이 있다. 체크리스트의 예를 살펴보면 다음과 같다.

수 개념 / 이름		전예진	박수민	김준수	이명진	조동욱
분류	한 가지 준거에 의한 분류					
	공통된 두 가지 준거에 의한 분류					
	공통된 세 가지 준거에 의한 분류					

2) 면접법

면접법은 읽기나 쓰기가 어려운 유아들에게 적합한 방법이다. 교사가 수학활동을 제시하고 유아의 수행과정을 관찰함으로써 활동에 포함된 수 개념을 잘 이해하였는지 알아보는 방법이다. 예를 들면 "여기 있는 블록들을 비슷한 것들끼리 모아서 바구니에 넣어보도록 하자", "여기 6개의 공기를 2명이 똑같이 나눠 가지려면 어떻게 해야 할까?" 등의 질문을 통해 관찰로 얻기 힘든 유아의 수 개념 이해수준을 파악할 수 있다.

면접 시 유아에게 활동을 제시할 때 유아가 알아들을 수 있는 언어로 설명하도록 하고 유아가 평가내용을 이해하고 있는지 반응을 살펴보도록 한다.

3) 검사법

(1) 표준화 검사

표준화 검사는 객관적인 자료와 절차를 통해 유아의 수학적 개념이나 기술을 측정하고 그 결과를 정해진 기준에 따라 해석하는 평가방법이다. 결과의 해석 시 정해진 기준에 의해 쉽게 유아의 사고를 규정지을 수 있기 때문에 다른 평가방법과 함께 사용하는 것이 좋다. 표준화 검사에는 지능검사, 학습준비도 검사 등이 있다. 이들 검사에는 도형개념, 수의 기초개념, 분류, 순서 짓기, 공간 및 시간 등의 내용이 포함되어 유아가 어려워하는 수학적 개념의 영역을 파악할 수 있고 전체 유아와 비교해서 어느 정도의 수준인지 가늠해 볼 수 있다.

(2) 교사제작 검사

교사제작 검사는 표준화 검사를 사용할 수 없거나 표준화 검사가 교사의 목적에 적합하지 않을 때 만들어 사용할 수 있다. 주로 유아가 이해하기 쉬운 실물, 그림자료를 사용하여 평가하도록 한다. 예를 들어 안팎에 대한 공간개념 발달평가를 위해 어린 유아들을 대상으로 울타리 안에 있는 동물과 밖에 있는 동물의 카드를 유아들에게 보여준 후 카드에 나온 동물모형들을 유아들이 울타리의 안과 밖에 분리하여 놓아보도록 한다.

〈유아의 안과 밖의 개념을 파악하기 위해 제작교구로 질문을 하고 있는 교사〉

4) 유아의 작품평가

유아의 작품평가는 유아의 수학적 사고의 발달을 보다 정확하게 측정하기 위한 평가방법 중의 하나로 유아가 직접 활동한 결과물들을 모아 측정하는 방법이다. 주로 교사가 제시한 여러 영역의 활동들에서 유아들이 자유롭게 표현한 동시, 짧은 글쓰기, 그림, 조형물 등의 자료를 참조하여 평가가 이루어진다.

〈숫자의 모양과 수의 양의 관계를 표현한
유아의 글과 그림자료〉

3. 평가의 해석 및 활용

평가결과를 해석할 때 표준화 검사와 같이 수치로 나타난 결과를 유아의 수학적 능력평가에 전적으로 적용하는 것은 무리가 있다. 따라서 평가과정에서 각 유아의 수학적 개념의 발달, 수학적 기술의 사용능력, 수학적 지식수준에 대한 정보를 다양한 평가방법을 사용하여 체계적으로 수집할 필요가 있다. 특히 수학활동에서 유아의 행동과 상호작용을 정기적으로 관찰·기록하고 유아들의 글, 그림, 조형물과 같은 유아의 작품을 참조하여 총괄적으로 평가하는 것이 바람직하다.

평가내용은 주로 다음의 수학활동 계획수립과 새로운 수학교육과정을 구성하는데 기초자료로 사용될 수 있다. 또한 진행중인 수학활동의 오류를 수정·보완하는데 도움을 줄 수 있으며 부모와의 면담자료로 활용될 수 있다. 부모에게 평가결과를 알릴 때 표준화 검사의 수치보다는 유아의 수활동사진, 글, 그림, 조형물, 교사의 일화기록 등 보다 의미 있고 실제적인 정보를 제공하여 부모가 자녀의 전반적 발달상황을 이해하는 데 도움을 주도록 하여야 한다.

제2부
유아**수학**교육의 **실제**

제1장 교구를 통한 유아수학교육의 실제

일대일 대응

- 메모리게임
- 동물의 그림자를 찾아라
- 어떤 동물의 먹이일까요?
- 과일의 겉과 속 짝짓기

수세기

- 동 · 식물 수세기
- 농장소풍
- 애벌레숫자
- 숫자만큼 손가락을 접어봐요
- 누가누가 많이 딸까요?
- 쥐를 잡자!
- 개구리야! 알을 낳자!
- 공을 맞추어요

연산

- 더해보세요
- 기린의 덧셈나라
- 로봇 충전하기
- 야옹야옹 빙고게임
- 빵가게 창문을 열어요

공간

- 꿀꿀이를 찾으로 길을 떠나요
- 오자미 던져넣기 놀이를 해요

도형

- ○△□는 무엇이 될까요?

순서 짓기

- 크기대로 놓아요
- 요술상자

측정

- 누구 키가 더 클까요?

규칙성(패턴)

- 맛있는 꼬치를 만들어요
- 동물패턴 원통 교구
- 달팽이 릴레이
- 동물패턴놀이
- 빨래를 널어요
- 닭이 알을 낳았어요

분류

- 생활 속의 즐거움
- 시장놀이 빙고게임
- 몸에 좋은 음식과 좋지 않은 음식
- 깨끗한 환경을 만들어요
- 우리 집 꾸미기

시간

- 나의 하루일과
- 날짜판 수 놀이
- 신나는 사계절 여행

일대일 대응

교구명 1-1-1 메모리게임

활동목표
- 같은 그림을 찾아 짝지을 수 있다.
- 게임활동을 통해 기억력을 향상시킬 수 있다.

수학적 개념 일대일 대응

수학적 과정기술 의사소통하기, 연계하기

활동연령 만 4~5세

활동인원 2~4명

활동영역 수 · 조작 영역

활동자료 게임판, 항아리, 채소카드, 보관상자

제작재료 하드보드지, 펠트지, 색상지, 지푸라기, 김밥말이, 마끈, 찍찍이, 솜, 글루건, 실, 바늘, 가위

제작방법

〈항아리〉

① 요플레통을 깨끗이 씻어 물기를 없앤다.

② 한지(밤색)를 적당한 크기로 잘라서 글루건을 이용해 붙인다.

③ 한지를 싼 요플레통에 노끈을 두른다.

〈게임판〉

① 하드보드지 전체에 접착 펠트지를 붙인다.

② 김밥말이대를 이용해 담장을 만든다.

③ 펠트지를 이용해 시골집을 만들어 글루건으로 붙인다.

〈채소카드〉

① 검은색 펠트지를 요플레 뚜껑 윗부분 안에 들어갈 수 있을 정도의 크기로 동그랗게 자른다.

② 여러 가지 색의 펠트지에 채소모양을 그린 후 오리고 ① 위에 채소모양을 놓은 후 바늘과 실을 이용하여 꿰맨다.

③ 동그란 검은색 펠트지 2겹을 붙여 바느질하여 채소카드를 완성한다.

활동방법

〈도입〉

① 항아리를 본 경험에 대해 이야기 나눈다.

② 항아리의 명칭과 쓰임새에 대해 이야기를 나눈다.

〈전개〉

① 교구를 소개하고 게임방법과 규칙에 대해 이야기 나눈다.

② 우선 채소카드들을 빠지지 않고 요플레 뚜껑의 윗부분 안으로 넣도록 한다.

③ 채소카드를 다 넣은 후 뒤섞고 6개씩 짝을 지어 놓는다.

④ 가위, 바위, 보로 순서를 정하고 한 유아가 먼저 항아리 2개를 동시에 뒤집어 같은 채소가 나오면 항아리를 갖는다.

③ 집어올린 항아리의 채소가 다르면 그 자리에 다시 내려 놓는다.

④ 한 번 본 항아리의 위치를 정확히 기억해 두었다가 같은 채소 한 쌍을 뒤집어 많이 가져간 유아가 이긴다.

⑤ 게임이 끝난 후 카드를 상자에 정리하도록 한다.

〈마무리〉

① 활동이 끝난 후 교구를 정리하도록 하고 유아들과 재미있었는지, 어려운 점은 없었는지 평가해 보는 시간을 갖는다.

교구명 1-1-2

동물의 그림자를 찾아라

활동목표
- 각 동물을 동물의 그림자와 대응시킬 수 있다.
- 각 동물의 특징에 대해 안다.

수학적 개념 일대일 대응

수학적 과정기술 의사소통하기, 연계하기

활동연령 만 3~4세

활동인원 2~4명

활동영역 수 · 조작 영역

활동자료 동물농장 그림자 판 2개, 동물모형, 주사위, 동물모형을 담을 상자

제작재료

〈동물농장 그림자 판〉

융, 펠트지, 하드보드지, 실, 바늘, 풀, 가위, 오공접착제

〈동물모형〉

펠트지, 바늘, 실, 가위, 솜, 찍찍이

〈주사위〉

부직포, 하드보드지, 머메이드지, 검은색 테이프

〈동물모형 담는 상자〉

재활용 상자, 머메이드지

제작방법

〈동물농장 그림자 판〉

① 하드보드지 위에 연두색 융을 붙여 융판을 만든다.

② 여러 가지 펠트지에 동물과 나무, 울타리 등의 그림을 그린 후 오리고 글루건을 사용하여 융판에 붙인다.

③ 초록색 융으로 동물형태의 그림자를 만들어 글루건을 사용하여 융판에 붙인다.

〈동물모형〉

① 여러 가지 펠트지에 동물모양 본을 앞면과 뒷면을 뜨고 오린 후 실로 테두리를 꿰맨 후 솜을 넣어 마무리한다.

② 글루건으로 눈과 날개 등을 붙인다.

③ 뒷면에 찍찍이를 붙인다.

〈주사위〉

① 하드보드지로 상자를 만들고 머메이드지를 색상별로 붙인다.

② 주변을 색 테이프로 붙인다.

활동방법

〈도입〉

① 동물의 특징에 대해 수수께끼를 내고 알아맞혀 보도록 한다.

② 수수께끼에 나왔던 특징 외에 동물의 다른 특징에 대해서도 이야기 나눈다.

교사 : "오늘 선생님이 재미있는 게임교구를 하나 가져왔는데 그 게임을 하기 전에 선생님과 재미있는 수수께끼를 풀어봐요."

유아 : "네."

교사 : "코가 길고 몸집도 아주 큰 동물은 무엇일까요?"

유아 : "코끼리요."

교사 : "네, 맞아요. 친구들 아주 잘 맞추네요. 그럼, 다음 동물도 한 번 맞춰보세요. 목이 길어서 높은 나무에 있는 나뭇잎도 아주 쉽게 잘 따먹는 동물은 무엇일까요?"

유아 : "기린이요."

교사 : "맞았어요. 목이 긴 것 말고 기린의 또 다른 점에 대해 알고 있나요?"

유아 : "네, 점박이 무늬가 있구요. 머리 위에 둥근 뿔도 있어요."

〈전개〉

① 교구를 소개하고 게임방법과 규칙에 대해 이야기 나눈다.

② 동물농장 그림자 판을 꺼낸다.
③ 그림자 판 위에 어떤 동물들이 있는지 이야기 나눈다.
④ 가위, 바위, 보를 해서 이긴 사람이 하고 싶은 그림자 판을 선택한다.
③ 가위, 바위, 보를 해서 순서를 정한 후 주사위를 던진다.
④ 주사위를 던져서 나온 동물얼굴이 자기 판에 있으면 붙이고 그렇지 않으면 다음 사람에게 넘긴다.
⑤ 먼저 자기판의 그림자를 다 맞춘 사람이 이긴다.

〈마무리〉

① 활동이 끝난 후 교구를 정리하도록 하고 유아들과 재미있었는지, 어려운 점은 없었는지 평가해 보는 시간을 갖는다.

교구명 1-1-3

어떤 동물의 먹이일까요?

활동목표
- 각 동물과 동물의 먹이를 대응시킬 수 있다.
- 각 동물의 먹이에 대해 안다.

수학적 개념 일대일 대응

수학적 과정기술 의사소통하기, 연계하기

활동연령 만 3~4세

활동인원 2~4명

활동영역 수 · 조작 영역

활동자료 활동판 1개, 이야기판 1개, 그림자료(동물그림과 음식이 담긴 접시), 그림자료 담을 상자

제작재료 하드보드지, 여러 가지 색지, 가위, 풀, 찍찍이, 코팅지

제작방법

〈활동판〉

① 하드보드지에 색지를 붙여 활동판을 만든다.

② 동물들(다람쥐, 토끼, 강아지, 원숭이, 고양이)을 색지에 그리고 오려 활동판에 붙인다.

③ 동물의 먹이(도토리, 뼈다귀, 생선, 바나나, 당근)를 색지에 그리고 오려 활동판에

붙인다. 이때 동물들과 먹이를 순서에 관계없이 붙이도록 한다.
④ 화살표를 만들고 뒤에 찍찍이를 붙인다.

〈이야기판〉

① 하드보드지에 색지를 붙여 이야기판을 만든다.
② 커튼, 창문, 식탁을 색지에 그리고 오려서 이야기판에 붙인다.

〈그림자료〉

① 동물들(다람쥐, 토끼, 강아지, 원숭이, 고양이)을 색지에 그리고 오려붙인 후 코팅한 뒤에 찍찍이를 붙인다.
② 동물의 먹이(도토리, 뼈다귀, 생선, 바나나, 당근)를 색지에 그리고 오려붙인 후 코팅한 뒤에 찍찍이를 붙인다.

활동방법

〈도입〉

① 유아들이 아침에 먹었던 음식에 대해 이야기 나눈다.
② 이야기판을 보여주고 나오는 동물들과 동물들의 먹이와 관련된 동화를 들려주고 동물들의 먹이에 대해 이야기 나눈다.

〈전개〉

① 교구를 소개하고 게임방법과 규칙에 대해 이야기 나눈다.
② 왼쪽에 있는 동물들과 오른쪽에 있는 동물들의 먹이를 화살표를 사용하여 서로 연결시키도록 한다.

교사 : "다람쥐가 좋아하는 먹이를 화살표로 붙여볼 친구?"

유아 : "저요."

교사 : "그럼, 예진이가 붙여보도록 하자."

유아 : "네." (화살표로 다람쥐와 도토리를 연결시킨다)

교사 : "맞았어요. 산에 사는 다람쥐는 나무에 달려 있는 도토리를 좋아해요."

〈마무리〉

① 활동이 끝난 후 교구를 정리하도록 하고 유아들과 재미있었는지, 어려운 점은 없었는지 평가해 보는 시간을 갖는다.

교구명 1-1-4

과일의 겉과 속 짝짓기

활동목표
- 각 과일의 겉과 속을 대응시킬 수 있다.
- 각 과일의 특징에 대해 안다.

수학적 개념 일대일 대응

수학적 과정기술 의사소통하기, 연계하기

활동연령 만 3~4세

활동인원 2~4명

활동영역 수 · 조작 영역

활동자료 활동판 2개, 배, 사과, 키위, 바나나, 감의 겉과 속 모형 각각 2개씩, 과일 모형 넣을 상자 2개, 금색끈

제작재료 초록색 융, 하드보드지, 찍찍이, 재활용 상자 2개, 펠트지, 실, 바늘, 가위, 글루건, 솜

제작방법

〈활동판〉

① 하드보드 2개에 초록색 융을 붙이고 테두리에 금색끈을 두르고 붙인다.

〈과일의 겉과 속 모형〉

① 여러 가지 과일의 겉과 속을 반쪽씩 한쪽이 되도록 여러 가지 펠트지에 그린 후 오려서 약간의 솜을 넣고 바늘로 꿰맨다.

② 과일의 겉과 속 모형 뒤에 찍찍이를 붙인다.

〈과일모형 넣을 상자〉

① 재활용 상자의 윗부분을 동그랗게 뚫고 빨간색 펠트지로 붙인다.

활동방법

〈도입〉

① 여러 가지 과일(사과, 배, 키위, 바나나, 감)의 겉과 속을 탐색한다.

② 여러 가지 과일의 겉과 속을 탐색한 후 그 특징에 대해 이야기 나눈다.

③ 서로 다른 과일의 차이점과 공통점을 비교해 본다.

〈전개〉

① 교구를 소개하고 게임방법과 규칙에 대해 이야기 나눈다.

교사 : "아까 과일의 겉과 속을 살펴보았지요? 여기 과일의 겉과 속이 있어요. 어느 과일의 겉과 속인지 붙여 보도록 해요."

② 활동판을 유아 2명에게 하나씩 나누어 준다.

③ 과일모형 중 겉반쪽을 활동판에 붙이도록 한다.

④ 과일모형 중 속반쪽을 상자에 넣고 가위, 바위, 보를 해서 이긴 사람이 하나씩 꺼내 과일의 겉반쪽 옆에 붙이도록 한다.

③ 과일모형의 반쪽을 다 찾아서 먼저 붙인 유아가 이긴다.

〈마무리〉

① 활동이 끝난 후 교구를 정리하도록 하고 유아들과 재미있었는지, 어려운 점은 없었는지 평가해 보는 시간을 갖는다.

수세기

교구명 1-2-1 동 · 식물 수세기

활동목표
- 숫자판 조작을 통해 수의 모양과 명칭을 안다.
- 숫자와 수의 양과의 관계를 알고 수를 셀 수 있다.
- 수의 양을 세는 수학적 단어를 습득할 수 있다(~마리, ~개, ~그루).

수학적 개념 수의 모양, 수의 명칭, 숫자와 수의 양, 1~10까지 수세기

수학적 과정기술 의사소통하기, 연계하기

활동연령 만 3~4세

활동인원 2~4명

활동영역 수 · 조작 영역

활동자료 동 · 식물 배경판, 동 · 식물 모형, 수 명칭 카드, 숫자모양, 숫자와 수 명칭카드 모음판, 개별숫자판

제작재료 펠트지, 융, 찍찍이, 인형눈, 털실, 솜, 가위, 바늘, 실

제작방법

〈동 · 식물 배경판〉

① 하드보드지에 기본배경을 그린다.

② 기본배경이 되는 곳에 융을 오려 붙여 동 · 식물 배경판을 만든다.

〈동 · 식물모형〉

① 각 숫자의 양과 관련된 동 · 식물 모형을 펠트지에 그리고 오려 바느질한다. 모형 뒤에 찍찍이를 붙인다. 이때 입체적인 표현을 위해 바느질할 때 안에 솜도 조

금씩 넣어 꿰맨다.

〈수 명칭 카드〉

① 펠트지에 수 명칭을 그려 오린 후 다른 색의 펠트지에 붙인다.

〈숫자모양〉

① 펠트지에 숫자모양을 그린 후 똑같은 숫자모양을 두 개씩 오려 붙인 후 테두리를 바느질한다.

〈숫자와 수 명칭 카드 모음판〉

하드보드지에 융을 오려 붙인다.

〈개별숫자판〉

하드보드지와 융을 숫자와 수 명칭 카드, 동 · 식물 모형이 들어갈 만큼의 크기로 잘라 붙여 개별숫자판을 만든다.

활동방법

① 유아들에게 숫자모양과 수 명칭을 소개한다.

교사 : "여기 숫자나라의 친구들을 소개하려고 해요. 한 번 볼까요?"

유아 : "네."

교사 : "여기 '1' 친구는 어떤 모양과 비슷한가요?"

유아 : "지팡이요."

교사 : "이름이 뭘까요?"

유아 : "하나요."

유아 : "일이요."

교사 : "맞았어요. '하나' 라고도 하고 '일' 이라고도 해요." (숫자 '1' 모양 옆에 '일' 또는 '하나' 수 명칭 카드를 붙인다.)

② 동 · 식물 배경판에 붙여 놓은 동 · 식물 모형의 수를 세어본다.

교사 : (동 · 식물 배경판에 붙여 놓은 동 · 식물 모형을 보여주며) "이곳에는 무엇이 있을까요?"

유아 : "나무, 기린, 엄마닭과 병아리, 토끼, 개구리, 사과나무, 꽃이 있어요."

교사 : "그럼 나무는 몇 그루 있나요?"

유아 : "한 그루요."

교사 : "기린은 몇 마리 있나요?"

유아 : "두 마리요."

③ 유아들이 개별숫자판에 숫자모양과 수의 양만큼 해당하는 동 · 식물 모형을 붙여보도록 한다.

교사 : (동 · 식물 배경판에 붙여 놓은 동 · 식물 모형을 보여주며) "이곳에 숫자 '1' 만큼 있는 것은 어떤 것이었지요?"

유아 : "나무요."

교사 : "네, 맞았어요. 이 판(개별숫자판)에 숫자 '1' 과 숫자이름 카드(하나, 일), 나무를 붙여보세요."

유아 : "네."

교사 : "다음은 숫자 '2' 만큼 있는 것을 찾아 이 판에 붙여보도록 해요."

유아 : "네, 여기 기린 2마리요."

교사 : "맞았어요. 숫자 '2' 와 숫자이름 카드(이, 둘), 기린 2마리를 이 판에 붙여보세요"

④ 활동이 끝난 후 교구를 정리하도록 하고 유아들에게 재미있었는지, 어려운 점은 없었는지 평가해 보는 시간을 갖는다.

교구명 1-2-2

농장소풍

활동목표
- 게임을 통해 수의 모양과 명칭을 안다.
- 숫자와 수의 양과의 관계를 알고 수를 셀 수 있다.
- 수의 양을 세는 수학적 단어를 습득할 수 있다(~마리, ~개, ~그루, ~송이)

수학적 개념 수의 모양, 수의 명칭, 숫자와 수의 양, 1~8까지 수세기

수학적 과정기술 의사소통하기, 연계하기

활동연령 만 3~4세

활동인원 2~4명

활동영역 수 · 조작 영역

활동자료 배경 그림판 2개, 숫자판 2개, 돌림판, 그림자료(해 1개, 구름 2개, 오리 3마리, 집 4채, 참새 5마리, 나비 6마리, 꽃 7송이, 버섯 8송이)

제작재료 색상지, 찍찍이, 하드보드지 4개, 시트지, 부직포, 케이크판, 할핀, 가위, 풀

제작방법

〈배경그림판〉

① 연두색 하드보드지에 하늘색 색상지로 하늘을 붙인다.

② 하드보드지의 모서리를 유아들이 다치지 않게 둥글게 오린다.

③ 시트지로 하드보드지를 붙인다.

④ 색상지로 해 1개, 구름 2개, 오리 3개, 집 4채, 참새 5마리, 나비 6마리, 꽃 7송이, 버

섯 8송이를 만들어서 코팅한다.
⑤ 코팅한 그림자료들 뒷면에 까슬이를 오려 붙인다.
⑥ 코팅한 그림자료들을 배경그림판에 배열하여 표시한 후 표시한 자리에 보들이를 붙인다.
⑦ 배경 그림판의 보들이에 코팅한 그림자료들을 붙여 배열한다.

〈숫자판〉
① 배경 그림판과 마찬가지로 모서리를 둥글게 오린다.
② 시트지로 하드보드지를 싼다.
③ 부직포로 1부터 8까지 숫자를 만들어 하드보드지 왼쪽에 세로로 붙인다.
④ 배경 그림판에 있는 그림자료들을 붙일 수 있도록 숫자판 숫자 옆에 수의 양만큼 보들이를 붙여 놓는다.

〈돌림판〉
① 케이크판에 하늘색과 연두색을 번갈아가며 붙인다.
② ①의 각 자리에 해, 구름, 오리, 집, 참새, 나비, 꽃, 버섯을 붙인다.
③ 투명시트지로 싼다.
④ 화살표를 만들고 할핀을 꽂아 화살표가 잘 돌아갈 수 있도록 한다.

활동방법

〈도입〉
① 배경 그림판을 유아들에게 보여주면서 무엇이 있는지 찾아보도록 한다.
② 유아들이 그림자료들을 셀 때, 사물에 따라 다른 세는 단위에 대해 이야기 나눈다.

교사 : "여기 그림동산에 무엇이 있는지 이야기해 볼까요?"
유아 : "네."
교사 : "무엇이 있나요?"
유아 : "해요. 구름이요. 새도 있어요."
교사 : "네, 맞아요. 모두 몇 개씩 있는지 세어볼까요?"
유아 : "네."
유아 : "해는 한 개요."
유아 : "꽃은 5개요."
교사 : "꽃은 5개 말고 다른 말로 쓰기도 하지요? 뭘까요?"
유아 : "다섯 송이요."

교사 : "맞아요. 무엇을 셀 때는 세는 말이 다 달라요. 꽃은 송이, 동물은 마리, 사람은 명, 나무는 그루라고 부르지요."

〈전개〉

① 게임방법과 규칙에 대해 이야기 나눈다.

② 유아 2명이 배경 그림판과 숫자판을 각각 하나씩 갖는다.

③ 가위, 바위, 보로 순서를 정한다.

④ 이긴 유아가 먼저 돌림판을 돌려서 나온 그림자료를 떼어서 숫자판에 있는 숫자 옆에 붙인다.

③ 먼저 숫자판에 그림을 다 붙인 유아가 이긴다.

〈마무리〉

① 활동이 끝난 후 교구를 정리하도록 하고 유아들과 재미있었는지, 어려운 점은 없었는지 평가해 보는 시간을 갖는다.

교구명 1-2-3

애벌레숫자

활동목표
- 활동을 통해 수의 모양과 명칭을 안다.
- 숫자와 수의 양과의 관계를 알고 수를 셀 수 있다.

수학적 개념 수의 모양, 수의 명칭, 숫자와 수의 양, 1~10까지 수세기

수학적 과정기술 의사소통하기, 연계하기

활동연령 만 3~4세

활동인원 1~2명

활동영역 수 · 조작 영역

활동자료 애벌레머리, 숫자가 쓰여진 애벌레몸통 10개, 주머니 10개, 집게 55개, 보관상자

제작재료 펠트지, 색 하드보드지, 색 테이프, 눈알, 집게, 가위, 풀, 실, 바늘, 솜, 찍찍이, 글루건, 리본

제작방법

〈애벌레〉

① 펠트지를 동그라미 모양으로 22개 자른다. 동그라미 2개는 애벌레얼굴로 앞부분 위에 촉수 2개를 붙이고 눈알도 붙인다.

② 동그라미 모양 2개를 겹쳐 안쪽에 솜을 넣고 바늘과 실로 꿰맨다.

③ 1~10까지를 검정색 펠트지에 그리고 오려 애벌레 모양 위에 붙인다.

④ 애벌레얼굴과 애벌레몸통 1~10은 각각 똑딱이 단추를 달아서 이어준다. 활동이 끝

나면 따로 떼어 상자에 보관할 수 있도록 한다.

〈주머니〉

① 펠트지로 주머니모양을 만들어 바느질한다.

② 애벌레 아래쪽에 주머니를 붙인다.

활동방법

① 유아들이 집중할 수 있도록 숫자송 노래를 부른다.

교사 : "친구들! 숫자송 들어본 적 있나요?"

유아 : "네"

교사 : "한 번 불러 볼까요?"

유아 : "네"

교사 : "그럼, 하나, 둘, 셋하면 시작해요. 하나, 둘, 셋!"

숫자송

1! 일초라도 안보이면
2! 이렇게 초조한데
3! 삼초는 어떻게 기다려
이야~이야~이야~ 이야~
4! 사랑해! 널 사랑해!
5! 오늘은 말할거야~
6! 60억 지구에서 널만난 건
7! 럭키야

사랑해 요기조기 한 눈 팔지 말구 나를 봐
좋아해 나를 향해 웃는 미소 매일매일 보여줘

8! 팔딱팔딱 뛰는 내가슴
9! 구해줘! 오 내마음
10! 십년이 가도 널 사랑해
언제나 이 마음 변치 않을께

② 유아들에게 애벌레 교구를 소개하고 활동방법에 대해 이야기 나눈다.

교사 : "여러분! 숫자송 재미있죠?"

유아 : "네."

교사 : "자, 여기 애벌레 친구를 소개할게요? 그런데 애벌레 몸에 숫자가 있죠? 함께 읽어볼까요?"

유아 : "네, 일, 이, 삼, 사 …… 십."

교사 : "잘했어요. 이제 애벌레 위에 있는 숫자의 수만큼 집게를 주머니에 꽂아봐요."

유아 : "네."

③ 활동이 끝난 후 교구를 정리하도록 하고 유아들과 재미있었는지, 어려운 점은 없었는지 평가해 보는 시간을 갖는다.

교구명 1-2-4 숫자만큼 손가락을 접어봐요

활동목표
- 게임을 통해 수의 모양과 명칭을 안다.
- 숫자와 수의 양과의 관계를 알고 수를 셀 수 있다.

수학적 개념 수의 모양, 수의 명칭, 숫자와 수의 양, 1~10까지 수세기

수학적 과정기술 의사소통하기, 연계하기

활동연령 만 3~4세

활동인원 2~4명

활동영역 수 · 조작 영역

활동자료 손가락 수세기판, 숫자 회전판

제작재료 우드락 4절지 10개, 펠트지, 접착 펠트지, 종이테이프, 찍찍이, 접착 부직포, 풀, 스티로폼, 자석숫자, 회전판 바늘, 눈알, 색종이, 우드락 물감, 커터칼, 글루건, 매직펜, 네임펜, 스티커, 펀치, 큰 고리 등

제작방법

〈손가락수세기판〉

① 우드락 4절지 10개를 모두 접착 부직포로 싼다.

② 살색 펠트지를 손모양으로 그려 하나의 손을 2개씩 겹쳐 글루건으로 두껍게 붙여 놓는다.

③ 손가락은 떼었다 붙였다 할 수 있도록 손톱 끝쪽에 찍찍이를 붙이도록 한다.

④ 꼬마 여자아이의 얼굴을 10개 만들어 각각의 우드락판 위쪽 중앙에 붙이고 여자아

이 얼굴 아래쪽 양옆에 손을 하나씩 붙인다.

⑥ 접착 펠트지에 1~10까지의 숫자와 수 명칭을 그려오린 후 각각의 우드락판에 하나씩 붙인다.

⑦ 유아들이 보기 쉽게 맨 앞 표지에는 '숫자를 세어보아요' 라는 문구를 접착 펠트지를 잘라 만들고 예쁘게 꾸민다.

⑧ 우드락판 윗부분을 펀치로 뚫은 후 큰 고리로 각각의 우드락판을 연결시킨다.

〈숫자판〉

① 우드락을 동그랗게 자른 다음 우드락 물감으로 색을 칠하고 회전바늘을 정가운데 구멍을 뚫어서 끼워넣는다.

② 자석숫자판을 구입하여 원 바깥쪽에서 순서대로 붙인다.

활동방법

〈도입〉

① 1~10까지 유아들과 같이 세어본다.

② 열작은 인디언 노래와 손유희를 유아들과 함께 해본다.

〈전개〉

① 손가락 접는 교구판을 보여주며 유아들과 같이 수를 세어보고 손가락 접는 방법에 대해 이야기 나눈다.

② 유아가 직접 손가락 접는 교구를 조작해 보도록 한다.

③ 익숙해지면 두 명의 유아가 가위, 바위, 보로 순서를 정하도록 한다.

④ 두 유아 중 한 명은 회전판을 돌리도록 하고 다른 한 명은 회전판에 멈춘 숫자가 있는 교구판을 찾아 손가락을 접어보도록 한다.

⑤ 그 다음에는 회전판을 돌렸던 유아가 교구판의 손가락을 접고 교구를 조작했던 유아는 회전판을 돌리도록 한다.

〈마무리〉

① 활동이 끝난 후 교구를 정리하도록 하고 유아들과 재미있었는지, 어려운 점은 없었는지 평가해 보는 시간을 갖는다.

교구명 1-2-5 누가누가 많이 딸까요?

활동목표 • 게임을 통해 수를 셀 수 있다.

수학적 개념 수세기

수학적 과정기술 의사소통하기, 연계하기

활동연령 만 3~4세

활동인원 2명

활동영역 수 · 조작 영역

활동자료 돌림판 뚜껑, 나무가 그려진 통, 단추열매

제작재료

〈돌림판뚜껑〉

한지, 한지마감재, 사포, 할핀, 우드락, 제본필름

〈나무가 그려진 통〉

한지, 한지마감재, 도화지, 진주핀, 물풀

〈열매〉

단추, 노끈, 펠트지, 글루건

제작방법

〈돌림판 뚜껑〉

① 휴지통 뚜껑의 구멍을 제본필름을 이용하여 막는다.

② 한지를 붙이고 마감재를 바른다.

③ 우드락을 이용하여 화살표를 만들고 그 밑에 우드락과 제본필름을 대고 할핀을 꽂는다.

〈나무가 그려진 통〉

① 두루마리 휴지통에 도화지를 붙이고 그 위에 바탕이 될 한지를 붙인다.

② 바탕 한지 위에 나무모양을 만들어 한지를 붙인다.

③ 한지마감재를 바른다.

④ 송곳을 이용하여 열매 붙일 자리에 구멍을 내고 진주핀을 고정시킨다.

〈열매〉

노끈을 꼬아 열매꼭지를 만들고 단추를 2개를 겹쳐 글루건으로 붙인다.

활동방법

① 유아들에게 교구를 소개하고 게임방법에 대해 이야기 나눈다.

교사 : "친구들! 숫자를 몇까지 셀 수 있나요?"

유아 : "열개요."

유아 : "백개요."

교사 : "우와! 그렇게 많이 셀 수 있어요?"

유아 : "네."

교사 : "오늘은 선생님이 친구들과 함께 숫자를 세어보기 위해 재미있는 게임을 준비해 왔어요. (교구를 보여주며) 뭐가 있나요?"

유아 : "나무에 과일이 달려있는 것 같아요."

교사 : "맞아요. 누가누가 많이 따는지 선생님이랑 수를 세어보아요."

유아 : "네."

② 가위, 바위, 보를 해서 이긴 유아가 먼저 돌림판을 돌린다.

③ 돌림판을 돌려 나온 수만큼 걸어놓은 열매를 딴다.

④ 나무에 걸린 열매를 많이 딴 유아가 이긴다.

⑤ 활동이 끝난 후 교구를 정리하도록 하고 유아들에게 재미있었는지, 어려운 점은 없었는지 평가해 보는 시간을 갖는다.

교구명 1-2-6 쥐를 잡자!

활동목표 • 게임을 통해 수를 셀 수 있다.

수학적 개념 수세기

수학적 과정기술 의사소통하기, 연계하기

활동연령 만 4~5세

활동인원 2명

활동영역 수 · 조작 영역

활동자료 쥐를 잡자판, 치즈와 고양이 판, 가위 · 바위 · 보 주사위, 쥐, 계란판

제작재료 바늘, 실, 펠트지, 우드락, 압정핀, 융, 하드보드지, EVA판, 접착아세테이트지, 반짝이 시트지, 마스킹테이프, 눈, 모루, 글루건, 머메이드지, 찍찍이, 솜, 계란판

제작방법

〈쥐를 잡자판〉

① 하드보드지를 적당한 크기로 자른다.

② 그 위에 접착융을 붙인다.

③ EVA판에 동그라미 4개와 동그라미 안에 들어갈 '쥐를 잡자'를 그려오리고 동그라미에 붙인다.

④ 융을 붙인 하드보드지 위에 ③을 붙인다.

〈치즈와 고양이판〉

① 우드락 위에 하늘색 머메이드지를 붙인다.

② ①에 정사각형 30개가 나오도록 그린다.

③ ②의 정사각형 안에 들어가도록 머메이드지를 사용하여 고양이와 치즈를 오려붙인다.

④ 그 위에 접착아세테이트지를 붙인다.

⑤ ②의 30개 정사각형 칸에 맞게 다른 우드락의 양옆과 아래를 자른다.

⑥ 그 위에 반짝이 시트지를 붙이고 문 30개를 만든다.

⑦ 그 주변을 마스킹테이프로 마무리한다.

⑧ ④까지 완성한 우드락 위에 ⑦까지 완성한 우드락을 겹쳐 글루건으로 고정시킨 후 테두리를 마스킹테이프로 마무리한다.

〈가위 · 바위 · 보 주사위〉

① 펠트지로 각각 가위, 바위, 보를 색색별로 2개씩 모두 6개 만든다.

② 주사위의 면을 같은 크기로 12장 준비한다.

③ 면을 바느질로 이은 다음 그 안에 솜을 넣고 마무리한다.

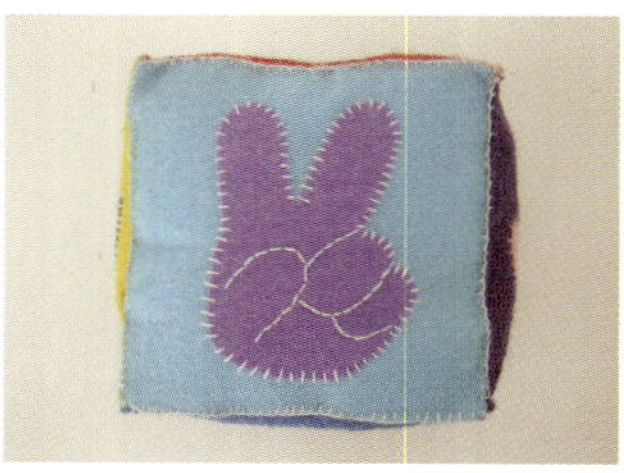

활동방법

① 유아들에게 교구를 소개하고 게임방법에 대해 이야기 나눈다.

교사 : “친구들! 쥐 본 적 있나요?”
유아 : “네.”
유아 : “아니요.”
교사 : “쥐를 본 친구도 있고 못 본 친구도 있구나.”
유아 : “네.”
교사 : “선생님이 쥐를 만들어 왔어요.”
유아 : “ 와! 귀엽다.”

교사 : "쥐는 무엇을 좋아하지요?"

유아 : "치즈요. 야채요."

교사 : "그래요. 그런데 쥐가 아주아주 무서워하는 동물이 있는데 무엇일까요?"

유아 : "고양이요."

교사 : "맞았어요. 선생님이 오늘 친구들과 쥐와 고양이 치즈와 관련된 재미있는 교구를 가지고 왔어요. 한 번 볼까요?"

유아 : "네."

② 유아 2명이 각자 가위 · 바위 · 보 주사위를 하나씩 던져 이긴 유아가 손잡이가 달린 판을 열어 쥐가 좋아하는 치즈가 나오면 쥐를 잡지 못하고 고양이가 나오면 '쥐를 잡자' 판에서 쥐를 떼어 자기 계란판에 넣는다.

③ 쥐를 많이 잡은 유아가 이긴다.

④ 활동이 끝난 후 교구를 정리하도록 하고 유아들과 재미있었는지, 어려운 점은 없었는지 평가해 보는 시간을 갖는다.

교구명 1-2-7 개구리야! 알을 낳자!

활동목표 • 게임을 통해 수를 셀 수 있다.

수학적 개념 수세기

수학적 과정기술 의사소통하기, 연계하기

활동연령 만 4~5세

활동인원 2명

활동영역 수 · 조작 영역

활동자료 동화판, 주사위, 개구리통, 개구리알, 계란판 2개

제작재료

〈동화판〉

하드보드지 3장, 녹색 · 연두색 · 검정색 머메이드지, 골판지, 마스킹테이프

〈주사위〉

노란색 부직포, 검정색 부직포, 방울, 솜, 바늘 , 실

〈개구리교구〉

바가지 2개, 뽑기통 60개, 검은색 뽕뽕이, 하드보드지, 녹색 머메이드지, 계란판 2개, 노란색 래커

제작방법

〈동화책〉

① 하드보드지 위에 머메이드지로 배경을 만들어준다.

② 배경 위에 동화내용을 붙여준다.

〈주사위〉

① 노란색 부직포를 정사각형으로 6장 자른다.

② 검은색 부직포로 0~5까지의 수를 자른다.

③ 정사각형으로 자른 부직포에 검은색 숫자를 바느질한다.

④ 6장의 노란색 부직포를 면과 면을 이어 바느질한다.

⑤ 마지막 면을 꿰매기 전에 솜과 방울을 넣어준다.

〈개구리교구〉

① 뽑기통 60개 안에 검은색 뽕뽕이를 넣어준다.

② 바가지 위에 개구리모양을 글루건을 이용해 붙여준다.

③ 계란판에 노란색 래커를 뿌려준다.

활동방법

① 유아들에게 개구리의 성장과정에 대한 동화를 들려준다.

교사 : "친구들! 개굴개굴 우는 개구리를 본 적이 있나요?"

유아 : "네."

교사 : "어디에서 본 적이 있나요?"

유아 : "풀 숲이요."

유아 : "연못이요."

교사 : "개구리가 어렸을 때는 무엇이었을까요?"

유아 : "올챙이요."

교사 : "맞아요. 올챙이와 개구리 노래 알아요?"

유아 : "네."

교사 : "한 번 같이 불러봐요."

유아 : "네."

교사 : "그럼 올챙이에서 개구리가 되기까지 선생님이 준비한 동화를 같이 보도록 해요."

② 유아들에게 교구를 소개하고 게임방법과 규칙에 대해 이야기 나눈다.

③ 유아 두 명이 가위, 바위, 보로 순서를 정한다.

④ 이긴 사람이 먼저 주사위를 던진다.
⑤ 던져서 나온 수만큼 개구리의 알을 꺼내어 계란판에 올려 놓는다.
⑥ 계란판 30칸을 먼저 채우는 유아가 이긴다.
⑦ 활동이 끝난 후 교구를 정리하도록 하고 유아들과 재미있었는지, 어려운 점은 없었는지 평가해 보는 시간을 갖는다.

교구명 1-2-8 공을 맞추어요

활동목표 · 게임을 통해 수를 셀 수 있다.

수학적 개념 수세기

수학적 과정기술 의사소통하기, 연계하기

활동연령 만 4~5세

활동인원 2명

활동영역 수 · 조작 영역

활동자료 다트판, 점수판, 숫자동그라미, 점수동그라미, 다트공

제작재료 하드보드지 2장, 융(노란색, 빨강색, 녹색), 부직포(검정색, 빨강색), 함석판, 백업(노랑색, 연두색, 빨강색), 폼보드 1장, 색 도화지(하늘색, 노랑색) 1장, 코팅지, 둥근자석 36개

제작방법

〈다트판〉

① 하드보드지에 귀여운 캐릭터모양으로 밑그림을 그린 후 그 모양대로 칼로 오린다.

② ①에 얼굴부분은 노란색 융으로, 몸판은 순서대로 녹색, 빨강색, 노란색 융을 붙인다.

③ ②의 얼굴부분은 흰색, 검정색, 빨강색, 녹색을 사용하여 얼굴모양을 만든다.

④ ②의 노란색 몸판에는 숫자 3과 점 3 개를 빨강색 융으로 모양을 만들어 붙인다.
②의 빨강색 몸판에는 숫자 2와 점 2 개를 녹색 융으로 모양을 만들어 붙인다.

②의 녹색 몸판에는 숫자 1과 점 1 개를 노란색 융으로 모양을 만들어 붙인다.

⑤ 테두리를 노란색, 빨강색, 연두색 백업을 사용하여 붙인다.

⑥ 노란색 모루를 사용하여 걸이를 만든다.

⑦ 마무리로 뒤판에 폼보드를 이용하여 앞판 하드보드지와 연결하여 붙인다.

〈점수판 · 숫자동그라미 · 점수동그라미〉

① 하드보드지, 함석판, 하늘색 도화지를 풀을 사용하여 같이 붙인다.

② 녹색 도화지로 선을 만든다.

③ 글자를 컴퓨터로 뽑아서 하늘색 도화지 위에 붙인다.

④ 마무리로 투명시트지를 씌운다.

⑤ 노란색 도화지 위에 동그라미 18개를 그려 오린다.

⑥ 그 위에 1~9까지 숫자를 각각 2장씩 오린 후 ⑤에 붙이고 그 밑에 수량을 표시하기 위해 스티커(파랑색, 빨강색)를 붙인다(숫자동그라미).

⑦ ⑥을 코팅하여 뒤에 자석을 붙인다.

⑧ 노란색 도화지에 동그라미 모양을 18개 그려오린 후 코팅하여 뒤에 자석을 붙인다(점수동그라미).

〈다트공 만들기〉

① 볼풀공(빨강색 2개, 녹색 2개)을 준비한다.

② 다트판에 잘 붙을 수 있도록 공에 같은색 찍찍이를 붙인다.

③ 계란판에 노란색 래커를 뿌려준다.

활동방법

① 유아들에게 교구를 소개하고 게임방법과 규칙에 대해 이야기 나눈다.

② 유아 두 명이 가위, 바위, 보로 순서를 정한다.

③ 한 명씩 다트판에 공을 던지고 그 점수만큼 점수동그라미를 점수판의 각 칸에 붙인다. 다트판을 던질 때 던지는 곳을 선이나 발바닥으로 표시해 주어 그 곳에서 던질 수 있도록 한다.

④ 각자 3번씩 던진 후 점수판에 있는 점수를 합하여 본다.
⑤ 숫자동그라미를 밑칸에 붙이고 상대편과 비교해 본다.
⑥ 점수가 많은 팀이 이긴다.
⑦ 활동이 끝난 후 교구를 정리하도록 하고 유아들과 재미있었는지, 어려운 점은 없었는지 평가해 보는 시간을 갖는다.

연산

교구명 1-3-1 **더해보세요**

활동목표 • 게임을 통해 더해서 10까지의 연산을 할 수 있다.

수학적 개념 연산(덧셈)

수학적 과정기술 예측하기, 의사소통하기, 연계하기

활동연령 만 5세

활동인원 1~2명

활동영역 수 · 조작 영역

활동자료 TV상자, 전화기 숫자판, 동그라미 숫자카드(0~10) 여러 개, 주사위 2개, 공기 10개

제작재료 하드보드지, 접착 펠트지, 펠트지, 찍찍이, 보슬이, 바늘, 실, 휴지심, 글루건, 접착제, 모루, 수수깡

제작방법

〈TV상자〉

① 하드보드지를 잘라 TV모양의 직사각형 상자를 만든다.

② 휴지심에 접착 펠트지를 붙인다.

③ 하드보드지로 직사각형 상자에 들어갈 수 있는 서랍용 작은 네모상자를 만든다.

④ 서랍용 상자에 접착 펠트지를 붙이고 앞부분에 송곳으로 구멍을 뚫고 모루로 손잡이를 만든다.

⑤ 직사각형 상자 윗부분에 휴지심이 들어갈 수 있도록 구멍을 2개 뚫는다. 밑부분에는 서랍용 상자가 들어갈 수 있도록 네모난 구멍을 뚫는다.
⑥ 직사각형 상자에 구멍부분을 빼고 접착 펠트지를 붙인다.
⑦ 상자 중앙에 펠트지로 ○+○ = ○ 부호를 붙이고 ○ 가운데는 보들이를 붙인다.

〈전화기 숫자판과 숫자카드〉

① 하드보드지를 잘라 전화기 모양의 직사각형 상자를 만든다.
② 윗부분에 수수깡이 들어갈 수 있도록 구멍을 뚫는다.
③ 구멍을 제외하고 직사각형 상자에 접착 펠트지를 붙인다.
③ 동그라미 모양으로 펠트지를 자른 후 동그라미 2개를 겹치고 사이에 솜을 넣어 바느질한다.
④ 바느질한 동그라미 모양 숫자카드 앞부분에 0에서 10까지의 숫자를 여러 개 만들어 붙이고 뒤에 찍찍이를 붙인다.

〈주사위〉

① 하드보드지를 잘라 정사각형 모양의 상자를 만든다.
② 상자에 접착 펠트지를 붙이고 그 위에 펠트지로 숫자를 만들어 붙인다.

활동방법

① 유아들에게 교구를 소개한다.

교사 : "오늘 선생님이 재미있는 교구를 소개시켜 주려고 가지고 나왔어요. 여기 상자가 있는데 무엇처럼 보이나요?"
유아 : "TV처럼 보여요."
교사 : "맞아요. TV상자예요. 그런데 상자가 TV랑 뭐가 다른가요?"
유아 : "가운데 동그라미(○), 십자가(+), 막대(=) 모양이 있어요."
유아 : "서랍도 있어요."
유아 : "안테나 같은데 구멍이 뚫려있어요."
교사 : "네. 맞았어요. 그게 TV랑 다르구나."
(전화기 숫자판과 숫자카드를 보이며) "여기 있는 것은 또 뭘까요?"
유아 : "전화기 같아요. 그런데 숫자가 여러 개 붙어 있어요."
교사 : "그럼 여기 있는 교구로 어떻게 게임을 하는지 알려줄게요."
유아 : "네."

② 유아들과 게임방법과 규칙에 대해 이야기 나눈다.

③ 주사위 2개를 던진다.

④ 던져서 나온 숫자를 전화숫자판에서 숫자카드를 떼어 TV상자 가운데에 하나씩 붙이고 마지막에 그 숫자들의 합이 되는 숫자를 찾아 TV상자 맨 오른쪽에 붙여보도록 한다.

⑤ 확인을 위해 TV상자 윗부분의 휴지심 구멍 2개에 주사위를 던져 나온 숫자만큼 공기를 따로 집어넣는다.

⑥ 서랍을 열어 합쳐진 공기의 수를 세어본다.

⑦ 나온 수와 TV상자에 붙인 숫자가 같은지 확인한다.

⑧ 활동이 끝난 후 교구를 정리하도록 하고 유아들과 재미있었는지, 어려운 점은 없었는지 평가해 보는 시간을 갖는다.

교구명 1-3-2

기린의 덧셈나라

활동목표 • 게임을 통해 더해서 10까지의 연산을 할 수 있다.

수학적 개념 연산(덧셈)

수학적 과정기술 예측하기, 의사소통하기, 연계하기

활동연령 만 5세

활동인원 1~2명

활동영역 수 · 조작 영역

활동자료 기린 덧셈모형, 숫자카드, 주사위, 구슬, 구슬 · 숫자카드 보관상자

제작재료 골판지, 하드보드지, 펠트지, 신문지, 부직포, 찍찍이, 양면테이프, 글루건, 가위, 실, 바늘, 셀로판테이프, 우유팩

제작방법

〈기린 덧셈모형〉

① 골판지를 이용해 입체적인 기린형태를 만든다.

② 목 부분은 가운데를 잘라 숫자통이 보이도록 한다. 숫자통은 투명한 것을 사용해 구슬이 보이도록 하고 구슬의 개수를 표시하는 선과 숫자를 붙여준다.

③ 구슬이 잘 통과될 수 있도록 뿔과 통로가 잘 이어지도록 만든다.

④ 펠트지로 감싸고 무늬를 넣는다.

⑤ 통로부분 밑에 틈을 내어 자르고 구슬을 막는 판을 만든다.

⑥ 몸통 앞부분에 기호와 찍찍이를 붙인다.

〈숫자카드〉

① 숫자를 프린트하여 코팅한다.

② 크기를 알맞게 자른다.

③ 하드보드지와 부직포를 같은 크기로 잘라 붙인다.

〈주사위〉

① 펠트지를 정육면체모양이 될 수 있도록 자르고 꿰맨다.

② 솜을 넣고 중간에 방울을 넣어준다.

③ 보색이 되는 펠트지를 조그마한 동그라미 모양으로 여러 개 잘라 한쪽을 제외하고 1~5까지 되도록 붙여준다.

〈구슬 · 숫자카드 보관상자〉

① 하드보드지를 사용해 직사각형의 보관상자를 만들고 중간에 칸을 만든다.

② 상자에 펠트지를 붙이고 윗부분을 마스킹테이프로 마무리한다.

활동방법

① 유아들에게 교구를 소개한다.

교사 : "오늘 선생님이 재미있는 교구를 소개시켜 주려고 가지고 나왔어요. 여기 상자가 있는데 무엇처럼 보이나요?"

유아 : "기린처럼 보여요."

교사 : "맞아요. 그런데 상자가 기린이랑 뭐가 다른가요?"

유아 : "가운데 동그라미(○), 십자가(+), =(막대)모양이 있어요."

유아 : "목안이 뚫려 있어요. 그리고 통이 들어가 있어요."

교사 : "네. 맞았어요. 그게 기린이랑 다르구나."

교사 : "그럼 여기 있는 교구로 어떻게 게임을 하는지 알려줄게요."

유아 : "네."

② 유아들과 게임방법과 규칙에 대해 이야기 나눈다.

③ 주사위를 두 번 던져서 나온 두 수를 숫자카드를 사용해 기린몸통에 붙이고 답이 무엇인지 합이 되는 숫자카드를 골라 기린몸통 오른쪽에 붙인다.

④ 예측한 답이 맞는지 확인하기 위해 2개의 기린 뿔 구멍에 주사위를 던져 나온 숫자만큼 구슬을 따로 넣는다.

⑤ 구슬을 다 넣은 후 기린 목에 있는 투명한 통 안의 구슬의 개수를 읽어 예측한 답과 일치하는지 확인해 본다.

⑥ 활동이 끝난 후 교구를 정리하도록 하고 유아들과 재미있었는지, 어려운 점은 없었는지 평가해 보는 시간을 갖는다.

교구명 1-3-3 로봇 충전하기

활동목표 • 게임을 통해 덧셈과 뺄셈의 개념을 알 수 있다.

수학적 개념 연산

수학적 과정기술 예측하기, 의사소통하기, 연계하기

활동연령 만 5세

활동인원 2~4명

활동영역 수 · 조작 영역

활동자료 로봇 2개, 숫자주사위 2개, 건전지그림 24장

제작재료 하드보드지, 함석판, 펠트지, 색 테이프, 은색 래커, 색지, 철사, 접착아세테이트지

제작방법

〈로봇〉

① 하드보드지에 로봇의 머리, 몸, 다리를 2개씩 제작한다.

② 로봇몸통 안 쪽에 함석판을 잘라서 글루건을 이용해 붙인다.

③ 로봇몸통에 은색 래커를 칠한 후 몸통에 건전지그림을 붙이고 접착아세테이트지를 씌운다.

④ 로봇의 몸통에 접착아세테이트지를 씌운 후 은색 테이프로 마무리를 한다. 몸통 윗부분은 리본장식을 붙여준다.

⑤ 로봇의 머리와 다리에도 은색 래커를 칠하고 접착아세테이트지를 씌운 후 은색 테

이프로 마무리한다.

⑥ 로봇의 얼굴에는 눈알을 붙이고 펠트지를 오려서 입을 붙인다.

⑦ 로봇의 양쪽 귀에는 스티로폼으로 만든 음표를 붙이고 투명컵을 음표붙인 부분에 씌워 붙인다.

⑧ 붙인 투명컵은 모루로 마무리한다.

⑨ 각각의 머리, 몸, 다리를 세워 붙여서 고정한다.

⑩ 팔은 철사를 적당한 굵기로 돌려 말고 스티로폼 공을 붙여 만든다.

⑪ 만든 팔은 몸통의 양옆에 구멍을 내서 철사로 고정시킨다.

〈주사위〉

① 하드보드지를 이용해 정육면체 주사위의 틀을 만든다.

② 주사위에 붙일 숫자와 수의 양을 나타내는 동그라미를 펠트지로 오린다.

③ 펠트지를 6조각씩 두 번 12조각을 오린다.

④ 6조각에 숫자와 수의 양을 나타내는 동그라미를 붙이고 버튼홀스티치방법으로 바느질한다.

⑤ ④를 버튼홀스티치방법으로 정육면체 주사위틀에 바느질한다.

〈건전지그림〉

① 색종이를 이용해 건전지그림을 오려서 붙인다.

② 건전지그림 24장을 코팅한다.

③ 코팅한 건전지를 오린다.

④ 자석단추에 코팅한 건전지를 글루건을 이용해 붙인다.

활동방법

① 로봇교구를 유아들에게 소개한다.

② 유아들과 게임방법과 규칙에 대해 이야기 나눈다.

〈게임방법 1〉

- 두 명씩 두 팀으로 나눈다.
- 가위바위보로 순서를 정한다.
- 주사위를 하나씩 들고 동시에 던진 후 큰 수가 나온 유아가 큰 수에서 작은 수를 뺀 수만큼 로봇의 배에 건전지그림을 붙인다. 이때 숫자만 보고 연산이 어려운 유아는 주사위에 표시된 큰 수의 동그라미에서 그 작은 수만큼 동그라미를 빼서 연산을 해 볼 수 있도록 한다. 또는 건전지를 큰 수만큼 세어본 다음 작은 수만큼 빼어 연산을

해볼 수 있도록 한다.

- 로봇의 배에 건전지가 더 많이 채워진 팀이 이긴다.

〈게임방법 2〉

- 두 명씩 두 팀으로 나눈다.
- 가위, 바위, 보로 순서를 정한다.
- 주사위를 하나씩 들고 동시에 던져 나온 수를 더해 로봇의 배에 건전지그림을 붙인다. 숫자만 보고 연산이 어려운 유아는 주사위에 표시된 수만큼의 동그라미를 보고 셀 수 있도록 한다. 또는 건전지를 수만큼 합친 후 세어보도록 한다.
- 로봇의 배에 건전지가 더 많이 채워진 팀이 이긴다.

③ 활동이 끝난 후 교구를 정리하도록 하고 유아들과 재미있었는지, 어려운 점은 없었는지 평가해 보는 시간을 갖는다.

교구명 1-3-4

야옹야옹 빙고게임

활동목표 · 게임을 통해 덧셈개념을 알 수 있다.

수학적 개념 연산(덧셈)

수학적 과정기술 예측하기, 의사소통하기, 연계하기

활동연령 만 4~5세

활동인원 2~4명

활동영역 수 · 조작 영역

활동자료 고양이통 2개, 고양이 숫자카드 10개, 고양이 빙고판 3개, 물고기 빙고카드 27개, 연산판 1개

제작재료 펠트지, 부직포, 융, 십자수실, 바늘, 쵸크, 펜, 하드보드지, 찍찍이, 목공용 접착제, 가위, 자, 투명시트지, 우드락, 머메이드지, 색연필, 사인펜, 솜, 코팅지, 글루건, 우드락커터기

제작방법

〈고양이통〉

① 펠트지를 가로, 세로 15cm로 24개를 자른다.

② 자른 펠트지 2장씩을 겹쳐서 5면을 바느질하고 열려 있는 면에 솜을 넣고 바느질하여 완성한다.

③ 뚜껑부분이 될 2장에는 솜을 넣지 않고 유아가 손을 집어넣을 수 있도록 중앙에 칼집을 넣고 가장자리를 바느질한다.

④ 완성된 펠트지 6면을 정육면체가 되도록 바늘로 연결한다. 이때 칼집을 넣은 면이 뚜껑부분이 되도록 연결한다.
⑤ 정육면체의 앞면이 될 부분에 고양이의 얼굴과 코, 입을 검은 펠트지로 오려붙인다.

〈빙고판〉
① 펠트지를 가로, 세로 15cm로 2장을 자른다.
② 한 면은 펠트지로 오린 고양이의 눈, 코, 입, 귀를 붙인다.
③ 다른 면은 9개의 칸이 만들어질 수 있게 가늘게 자른 펠트지를 칸을 만들면서 바느질한 다음 칸마다 펠트지로 오린 숫자를 붙인다.
④ 2장을 겹쳐 고정시킨 후 가장자리 3곳을 바느질하고 열려 있는 면에 솜을 넣고 바느질하여 완성한다.

〈물고기 숫자판〉
① 우드락에 물고기모양의 테두리를 그린다.
② 우드락커터기로 선을 따라 자른다.
③ 자른 물고기모양의 우드락과 똑같이 머메이드지도 자른다.
④ 자른 머메이드지에 색연필과 사인펜을 이용해서 숫자와 그림을 그린다.
⑤ 우드락에 ④를 붙인다.
⑥ 투명시트지를 ⑤ 위에 붙여 마무리한다.

〈물고기 빙고카드〉
① 머메이드지에 빙고칸에 맞게 물고기모양을 그린다.
② 가위로 자른다.
③ 펜으로 눈을 그린다.
④ 코팅하여 자른다.

〈연산판〉
① 하드보드지 앞, 뒤에 부직포를 붙인다.
② ①의 앞이 될 부분에 ①보다 작게 융을 오려붙인다.

〈숫자, +, =〉
① 펠트지 2장을 겹쳐 숫자와 기호를 그린다.
② 고정시킨 다음 자른다.
③ 바느질한 다음 솜을 넣고 다시 바느질하여 완성한다.

활동방법

① 유아들에게 교구를 소개하고 게임방법과 규칙에 대해 이야기 나눈다.

② 고양이통 2개에 손을 넣어 물고기 숫자판을 꺼낸다.

③ 연산판에 미리 붙여놓은 ○+○ = 기호의 ○부분에 꺼낸 물고기 숫자판에 써 있는 숫자를 붙인다.

④ 답이 되는 숫자를 연산판에서 찾아 = 기호 다음에 붙여보도록 한다. 유아가 연산을 잘못할 경우 물고기 숫자판에 있는 그림을 세어 합을 알아보도록 한다.

⑤ 더한 답의 숫자를 빙고판에서 찾아 물고기 빙고카드를 붙인다.

⑥ 가로, 세로, 대각선 1줄만 빙고가 되면 이긴다.

⑦ 빙고가 되었을 경우 '빙고' 라고 외친다.

⑧ 활동이 끝난 후 교구를 정리하도록 하고 유아들과 재미있었는지, 어려운 점은 없었는지 평가해 보는 시간을 갖는다.

교구명 1-3-5

빵가게 창문을 열어요

활동목표 • 게임을 통해 5 이하의 덧셈을 할 수 있다.

수학적 개념 연산(덧셈)

수학적 과정기술 예측하기, 의사소통하기, 연계하기

활동연령 만 4~5세

활동인원 1~2명

활동영역 수 · 조작 영역

활동자료 그림카드, 그림카드 틀, 주사위, 숫자카드, 보관함

제작재료 하드보드지, 우드락, 굵은 철사, 여러 색의 펠트지, 찍찍이, 보슬이, 송곳, 융, 작은 구슬 조금, 색 테이프, 가위, 풀, 테이프, 칼, 바늘, 실, 글루건

제작방법

〈그림카드〉

① 우드락을 적당한 크기(위 사진참조)로 12개 자른다.

② 각각 자른 우드락 앞면에 바게뜨 빵 1~5개씩, 도너츠 빵 1~5개씩 색지를 오려 붙인다.

③ 뒷면은 접착 펠트지가 모두 덮이도록 하면서 앞부분은 가장자리만 펠트지가 보이도록 붙인다(위 사진참조).

④ 앞면의 왼쪽 위 모서리부분에 보슬이를 붙인다.

〈그림카드 틀〉

① 만들어진 카드를 3개씩 철사에 끼운다.

② 하드보드지를 카드가 들어갈 부분만 자르고 융을 붙인 후 철사를 끼운 카드들을 자른 부분에 붙인다.

③ ②의 뒷면은 시트지를 붙이고 그림카드 틀이 설 수 있도록 삼각대로 만든다(p 181 그림참조).

④ 지붕모양으로 펠트지를 잘라 솜을 넣어 꿰맨 뒤 맨 위에 붙여준다.

〈뿅뿅이〉

두 가지 색의 뿅뿅이에 찍찍이를 붙인다.

〈숫자카드〉

펠트지를 숫자모양으로 자른 뒤 2장을 겹쳐서 꿰맨다.

〈주사위〉

① 색색의 펠트지를 정사각형 모양으로 총 12장 자른다.

② 펠트지에 각각 한 개, 두 개, 세 개의 동그라미를 오려서 꿰맨다.

③ 정육면체 주사위가 나오도록 모양을 만들어 한쪽 입구가 남도록 꿰맨 후 솜을 넣고 마무리한다.

〈보관함〉

하드보드지를 상자모양으로 잘라 시트지를 붙이고 색 테이프로 마무리한다.

활동방법

〈도입〉

① 유아들과 빵에 대해 이야기 나눈다.

② 그림카드판을 소개하고 카드에 적힌 숫자를 같이 세어본다.

교사 : "친구들! 빵 좋아하나요?"

유아 : "네."

교사 : "무슨 빵을 좋아하나요?"

유아 : "크림빵이요."

유아 : "케이크요."

유아 : "도넛이요."

유아 : "케로로 빵이요."

교사 : "친구들! 여러 가지 맛있는 빵을 좋아하네요. 그래서 오늘은 선생님이 친구

들을 위해서 이렇게 빵집을 통째로 가져 왔어요."

유아 : "우와!"

교사 : (카드를 뒤집으며) "자! 이렇게 창문을 하나씩 열면 친구들이 좋아하는 빵이 이렇게 많이 있어요. 여기 빵들을 세어볼까요?"

유아 : "네. 하나, 둘, 셋."

〈전개〉

① 유아들과 게임방법과 규칙에 대해 이야기 나눈다.

② 바게뜨 빵쪽에 있는 카드와 도넛 빵쪽에 있는 카드를 하나씩 뒤집는다.

③ 두 카드를 뒤집었을 때 그림이 합해서 5가 만들어지면 자기가 갖고 있는 뽕뽕이를 두 카드에 붙인다.

④ 더 많은 뽕뽕이를 붙인 사람 또는 팀이 이긴다.

〈마무리〉

① 활동이 끝난 후 교구를 정리하도록 하고 유아들과 재미있었는지, 어려운 점은 없었는지 평가해 보는 시간을 갖는다.

교구명 1-4-1

꿀꿀이를 찾으러 길을 떠나요

활동목표
- 기본적인 방향개념인 오른쪽, 왼쪽, 위, 아래 등을 알 수 있다.
- 위치(일정한 곳에 차지하고 있는 자리) 개념을 알 수 있다.

수학적 개념 공간기하(위치와 방향)

수학적 과정기술 의사소통하기, 연계하기

활동연령 만 4~5세

활동인원 1~2명

활동영역 수 · 조작 영역

활동자료 창작동화판, 게임판, 주사위, 과자집, 과자담을 상자, 게임말(토순이 2, 꿀꿀이 1), 과자 담을 바구니 2개

제작재료

〈창작동화판〉

하드보드지, 색상지, 가위, 풀, 부직포, 투명시트지, 글루건

〈주사위〉

하드보드지, 종이테이프, 색상지, 투명시트지, 스카치테이프, 가위

〈과자집(집, 과자)〉
부직포, 실, 바늘, 가위, 솜, 찍찍이, 글루건
〈게임판〉
폼보드, 펠트지, 가위, 글루건, 모형재료 매트, 조화(꽃송이)
〈게임말〉
색상지, 와이어, 풀, 가위, 글루건

제작방법

〈창작동화판〉
① 4절지 하드보드지를 4등분해서 자른다.
② 색상지를 이용해 동화에서 나오는 동물과 배경을 오려 나머지 1개를 뺀 하드보드지 위에 풀을 사용해 붙인다.
③ 남은 한 개의 판에는 부직포를 잘라 붙인다.
④ 부직포 붙인 판을 빼고 나머지 판은 투명시트지를 판에 맞게 잘라붙여 마무리한다.

〈주사위〉

① 하드보드지에 정육면체의 도면을 그린 다음 자른다.

② 스카치테이프를 사용해 자른 도면을 붙여 정육면체를 만든다.

③ 색상지로 정육면체를 싸고 주사위 눈도 색상지를 오려 붙인다.

③ 투명시트지를 붙이고 테두리에 종이테이프를 붙여 마무리한다.

〈과자집(과자, 집)〉

① 부직포를 잘라 바늘과 실을 사용해 집모양이 되도록 꿰맨다.

② ①의 꿰매지 않은 부분에 솜을 넣고 바느질을 완성한다.

③ 과자는 여러 가지 과자모양으로 부직포를 잘라 바느질을 한 후 꿰매지 않은 부분으로 솜을 넣고 바느질을 완성한다.

④ 만든 과자 뒤에 찍찍이를 글루건으로 붙인다.

〈게임판〉

① 글루건을 사용해 폼보드 전체를 펠트지로 붙인다.

② 그 위에 길모양대로 펠트지를 잘라 붙인다.

③ 배경은 조화(꽃송이)와 모형재료 매트를 잔디모양으로 오려붙여 꾸민다.

〈게임말〉

① 색상지를 사용해 토끼얼굴과 돼지얼굴을 그려 오린 다음에 코팅한다.

② 와이어를 사용해 받침이 될 수 있도록 만든다.

③ 와이어를 코팅한 동물얼굴 뒷면에 글루건을 사용해 붙여 말을 완성시킨다.

활동방법

① 유아들에게 동화판을 보여주며 창작동화를 들려준다.

〈1〉 옛날에 과자로 만든 집에서 토순이가 행복하게 살고 있었어요.

〈2〉 어느 날 오후에 토순이는 너무 졸려서 잠을 자려고 침대에 누웠어요.
"아이 졸려 낮잠이나 자볼까?" 토순이는 달콤한 잠에 빠졌어요.

〈3〉 그런데 그사이에 욕심 많은 꿀꿀이가 토순이집에 있던 과자를 몽땅 바구니에 담아갔어요. "와! 맛있겠다. 토순이가 깨기 전에 빨리 가져가야지."

〈4〉 토순이가 잠에서 깨었을 때 꿀꿀이는 콧노래를 부르면서 가고 있었어요. 그런데 꿀꿀이는 바구니에 구멍이 난 줄도 모르고 과자를 하나씩 떨어뜨리면서 가고 있었어요.

〈5〉 잠에서 깬 토순이는 집에 과자가 없어진 것을 알고 깜짝 놀랐어요. "어! 내 집에 있던 과자들이 모두 어디 있지? 분명히 욕심 많은 꿀꿀이가 가져간 게 틀림없어!"

〈6〉 너무 화가 난 토순이는 꿀꿀이를 찾으러 길을 떠나기로 했어요. "어! 이건 내 집에 있던 과자잖아! 어 여기에도 있네! 떨어진 과자만 따라가면 꿀꿀이를 찾을 수 있을 거야!"

② 동화를 다 들려준 뒤 오른쪽, 왼쪽, 위, 아래 등의 방향에 대해 유아들과 이야기 나눈다.

교사 : "오늘 선생님과 재미있는 게임을 할건데 그 전에 『꿀꿀이를 찾으러 길을 떠나요』라는 동화를 들려 줄게요."

유아 : "네."

교사 : (동화를 들려준 뒤) "우리 친구들은 어느 손으로 밥을 먹고 글씨를 쓸까요?"

유아 : (오른손을 들며) "이 손이요."

교사 : (등을 돌려 유아와 같은 손이 될 수 있도록 오른손을 들며) "거의 모든 친구가 이 손으로 밥을 먹고 글씨를 쓰네요. 선생님도 이 손으로 밥을 먹고 글씨도 써요. 이 손을 오른손이라고 하고 이 오른손이 가리키는 쪽을 오른쪽이라고 해요."

유아 : "네."

교사 : (오른손을 들며) "이 손으로 밥을 먹지 않는 친구는 왼손으로 밥을 먹는 거예

요. 그리고 왼손이 가리키는 쪽이 왼쪽이지요."

유아 : "오른손으로 밥을 먹는 친구는 밥을 먹지 않는 손이 왼손이고 그쪽이 왼쪽이 되는 거예요."

교사 : "여기 있는 꽃병은 예진이 왼쪽에 있을까요? 오른쪽에 있을까요? 예진이는 어느 손으로 밥을 먹어요?"

유아 : (오른손을 들며) "이쪽으로 밥을 먹어요."

교사 : "그 손 쪽이 오른쪽이예요. 그러면 꽃병은 예진이의 어느 쪽에 있을까요?"

유아 : "오른쪽이요."

(반복적으로 오른쪽과 왼쪽 방향에 대한 질문을 한다.)

교사 : (선생님 책상 위쪽에 있는 시계를 가리키며) "시계는 어느 쪽에 있을까요?"

유아 : "선생님 책상 위쪽에 있어요"

교사 : (선생님 책상 밑에 있는 쓰레기통을 가리키며) "쓰레기통은 어느 쪽에 있을까요?"

유아 : "선생님 책상 아래쪽에 있어요."

교사 : "그럼 이제 어느쪽으로 가야 꿀꿀이를 찾을 수 있을지 선생님과 게임을 하면서 꿀꿀이를 찾으러 떠나볼까요?"

유아 : "네."

② 유아들에게 교구를 소개하고 게임방법과 규칙에 대해 이야기 나눈다.

③ 유아들과 동화에 나오는 꿀꿀이를 찾으러 길을 떠나보기로 하고 부직포로 만든 집과 게임판을 꺼내 소개한다 .

④ 부직포로 만든 과자를 두 명의 유아에게 나눠주며 칸이 쳐져 있는 길 위에 놓아보도록 한다.

⑤ 두 명의 유아가 가위, 바위, 보를 해서 순서를 정하도록 한다.

⑥ 이긴 유아가 먼저 게임에서 사용할 2개의 토끼 중에 하나를 선택한다.

⑦ 가위, 바위, 보를 해서 이긴 유아가 먼저 주사위를 던져 자신의 말을 옮긴다.

⑧ 부직포로 만든 과자가 놓여 있는 지점에 도착하게 되면

과자를 가져다가 자신의 바구니에 담는다.

⑨ 오른쪽, 왼쪽, 위, 아래가 적혀 있는 지점에 도착하면 유아와 다시 한 번 방향에 대해 이야기해 보고 함께 말을 옮겨보도록 한다.

⑩ 먼저 도착해 맨 끝에 놓은 꿀꿀이 말을 찾는 유아가 이긴다.

⑪ 게임을 끝낸 후 교구를 정리하도록 하고 유아들과 활동이 재미있었는지, 어려운 점은 없었는지 평가해 보는 시간을 갖는다.

교구명 1-4-2

오자미 던져넣기 놀이를 해요

활동목표
- 기본적인 방향개념인 오른쪽, 왼쪽, 위, 아래 등을 알 수 있다.
- 위치(일정한 곳에 차지하고 있는 자리)개념을 알 수 있다.
- 가깝고 먼 거리를 인식할 수 있다.

수학적 개념 공간기하(위치와 방향)

수학적 과정기술 예측하기, 의사소통하기, 연계하기

활동연령 만 4~5세

활동인원 1~2명

활동영역 수 · 조작 영역

활동자료 게임판, 오자미 4개, 오자미 골인통 3개, 무게중심추 3개, 점수판 2개, 제비뽑기 주머니

제작재료 은박돗자리, 색 테이프, 펠트지 9장, 바늘, 실, 콩, 깡통(지름 15cm) 3개, 색상지, 래커 3색, 뿅뿅이大 30개, 뿅뿅이小 6개, 도화지(주황, 보라), 머메이드지(연노랑), 가위, 풀, 접착제, 계란판 2개, 물감, 붓, 스티로폼 볼 40개, 제비뽑기 주머니, 방울 8개, 찰흙 3개,

제작방법

〈게임판〉

① 은박돗자리의 한쪽 방향에서부터 30cm 간격으로 3개 구간을 나눈다.

② 3개 구간 경계선을 색 테이프로 붙여 구별하고 1 · 2 · 3번호를 표시한다.

③ 각 구간마다 중앙에 색지를 발바닥 모양으로 오려붙여서 오자미 던지는 위치를 정해둔다.

④ 게임판 위쪽 모서리에 ‘왼쪽’, ‘오른쪽’ 글씨를 붙여 좌우방향을 구분하도록 한다.

〈오자미〉

① 빨강, 파랑 펠트지를 각각 가로 6cm, 세로 6cm 크기로 4개씩 자른다.

② 펠트지 2장을 겹쳐서 밑부분과 양옆을 실로 꿰맨다.

③ 터져 있는 위로 콩과 방울을 넣어 오자미 속을 채운다.

④ 나머지 윗부분을 꿰맨다.

〈오자미 골인통〉

① 지름이 15cm 가량되는 깡통 3개의 윗면을 제거한다.

② 각 깡통의 겉면을 분홍, 초록, 노랑의 펠트지로 둘러싼다.

③ 각 깡통에 고유번호를 정하여 1 · 2 · 3의 숫자를 다른 색상의 펠트지로 만들어 붙인다.

〈점수판과 점수공〉

① 2개의 계란판을 하나는 파란색(청팀), 하나는 빨간색(홍팀) 래커로 칠한다.

② 점수를 표시할 점수공(뽕뽕이) 파란색 15개, 빨간색 15개를 준비한다.

〈제비뽑기 주머니〉

① 빨강색 산타모자 주머니로 한다.

② 청 · 홍팀 선정을 위해 주머니 안에 뽕뽕이(小) 파랑색 3개, 빨강색 3개를 넣는다.

〈깡통 무게중심추〉

① 빨강색 천을 가로 12cm, 세로 9cm 크기로 6개를 자른다.

② 자른 천을 2개씩 포개어 삼면을 꿰맨다.

③ 터진 부위에 찰흙을 넣어 채운 후 윗면을 마저 꿰맨다.

〈발바닥 모양(위치 지정용)〉

① 보라색 도화지 위에 발바닥 모양 6개를 그리고 오려낸다.

② 발바닥 모양을 코팅하여 게임판 구간마다 중앙에 붙인다.

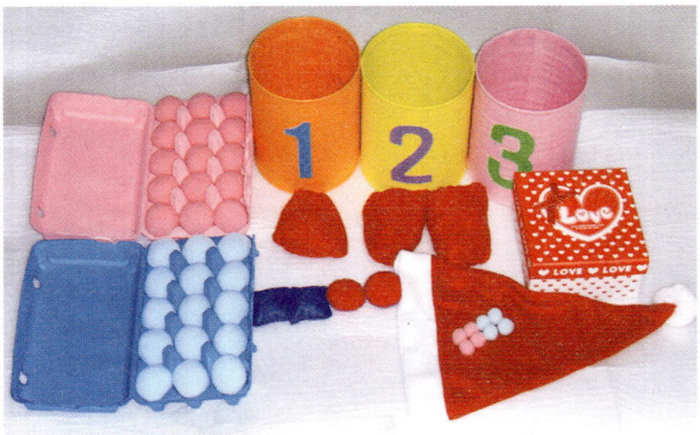

활동방법

① 유아들과 '오자미 던져넣기' 놀이에 대해 이야기 나눈다.

교사 : "오늘 선생님과 재미있는 게임을 할 건데 '오자미 던져넣기' 놀이예요"

유아 : "네. 그런데 오자미가 뭐예요?"

교사 : (오자미를 손에 들어 보이며) "이게 바로 오자미라는 거예요. 이 안에 콩이나 쌀같은 곡식이 들어 있어요. 선생님은 콩과 재미있는 소리가 나라고 방울을 집어 넣었어요. 옛날에 할머니, 할아버지께서 여러분처럼 어렸을 때 가지고 놀던 놀잇감이예요"

유아 : "그걸로 어떻게 놀았어요?"

교사 : "동네친구들끼리 양팀으로 나뉘어 원을 그리고 공격팀은 원 밖에서 이 오자미를 안으로 던져 원 안에서 도망다니며 피하는 수비팀 친구들을 맞춰서 한 명씩 원 밖으로 빼내는 거예요"

유아 : "네. 재미있겠는데요. 우리도 하고 싶어요"

교사 : "네. 오늘 선생님과 '오자미 던져넣기'를 할거예요. 친구들을 맞추는 게임은 아니고 통안에 던져넣는 게임이예요. 어떻게 하는지 교구와 게임방법에 대해 소개할게요. 잘 들어 보세요"

② 유아들에게 교구를 소개하고 게임방법과 규칙에 대해 이야기 나눈다.

③ 먼저 6명의 유아들이 한 줄로 서서 차례로 6개(파랑 3개, 빨강 3개)의 점수공(뽕뽕이)를 넣어둔 제비뽑기 주머니에서 하나씩 점수공을 꺼내도록 한다 .

④ 파란색 점수공을 가진 유아들은 청팀, 빨간색 점수공을 가진 유아들은 홍팀이 되어 게임판을 중심으로 좌우에 앉도록 한다.

⑤ 점수판과 점수를 표시할 점수공, 그리고 오자미 2개씩을 양팀이 나누어 갖고, 앉아 있는 순서대로 1번, 2번, 3번 주자가 된다.

⑥ 양팀의 대표가 나와 가위, 바위, 보를 하여 이긴 팀의 1번 주자부터 오자미 던져넣기 놀이를 시작한다.

⑦ 게임판의 2번 칸에서 던지는 위치가 시작되며, 한 명당 2개의 오자미를 던지는데 첫 번째 오자미가 골인통에 들어가면 30cm의 앞의 3번 칸에서 두 번째 오자미를 던지고 반대로 안 들어가면 30cm 뒤의 1번 칸에서 던지도록 한다.

⑧ 골인통 1, 2, 3의 위치는 각각 30cm의 거리를 두고 멀리 설치하여 가장 가까운 1번 통에 오자미를 넣으면 자기팀 점수판에 팀과 같은 색의 점수공 1개를, 2번 골인통에 넣으면 2개, 가장 멀리 설치된 3번 골인통에 넣으면 3개를 넣도록 한다.

⑨ 각 팀별로 3명씩의 유아들이 차례대로 던져 오자미가 골인통에 들어간 점수가 먼저 15점이 되는 팀이 이긴다.

⑩ 게임을 끝낸 후 교구를 정리하도록 하고 유아들과 활동이 재미있었는지, 어려운 점은 없었는지 평가해 보는 시간을 갖는다. 이때 유아들과 거리가 가까웠을 때 공이 더 잘 들어갔는지 멀 때 더 잘 들어갔는지 가깝고 먼 곳에 대한 토론과 오른쪽, 왼쪽, 가운데 중 어느 방향으로 공이 잘 들어갔는지 이야기해 본다.

교구명 1-5-1

○△□는 무엇이 될까요?

활동목표
- 일상생활에서 익숙한 사물을 ○, △, □의 도형을 사용하여 표현함으로써 도형의 개념을 익힐 수 있다.
- 도형의 모양과 크기를 변별할 수 있다.

수학적 개념 공간기하(도형)

수학적 과정기술 추론하기, 의사소통하기, 연계하기

활동연령 만 4~5세

활동인원 2~4명

활동영역 수 · 조작 영역

활동자료 감각판(4개), 기본판, ○ · △ · □(14cm, 12cm, 10cm) 모양 18개

제작재료 깃털끈, 노끈(굵은 것, 얇은 것), 모루, 트리줄, 시트지(흰색, 검은색, 반짝이, 은박), 시트테이프, 펠트지, 접착 펠트지, 합석판, EVA, 뽕뽕이, 양면테이프, 글루건, 공구커터, 쇠자, 목공접착제

제작방법

〈○, △, □ 모양〉

① △, □, ○를 14cm, 12cm, 10cm의 세 가지의 크기로 2개씩 폼보드로 만든다.

② 자른 폼보드바닥에 고무자석을 잘라 붙인다.

③ 테두리는 검은 시트지로 싼다.

④ 폼보드 위에는 질감이 다른 여러 가지 재료를 붙인다.

〈기본판〉

① 두 개의 합석판에 폼보드를 붙여 단단히 해준다.

② 그 위에 흰색 시트지를 씌운다.

③ 테두리를 흰색 시트지로 싼다. 두 개의 판을 연결시켜 접었다 폈다 할 수 있도록 한다.

④ 접착 펠트지를 이용하여 합석판을 감싸 완성한다.

〈감각판〉

① 합석판에 폼보드를 붙여 단단히 해주고 합석판 위에 접착 펠트지를 붙여준다.

② 접착 펠트지 위에 ○△□ 모양이 있는 다른 색의 펠트지를 붙인다.

③ 펠트지에 다양한 질감의 재료와 끈을 붙여 꾸민다. 모루로 테두리를 감싼다.

활동방법

① ○, △, □의 다양한 모양, 색, 크기, 재질에 대해 이야기 나눈다.

② ○, △, □ 모양으로 어떤 사물이나 배경을 만들 수 있을지 이야기 나눈다.

③ 유아들이 기본판에 ○, △, □ 모양을 가지고 사물이나 배경을 만들고 설명해 보도록 한다.

④ 감각판에있는 ●, ▲, ■ 모양과 ○, △, □ 모양의 크기를 비교하여 크기에 맞게 감각판에 붙이고 어떤 그림이 완성되었는지 이야기해 본다.

⑤ 기본판에 ○, △, □ 모양을 자유롭게 붙여 여러 가지 사물이나 배경을 표현해 본다.

⑥ 활동이 끝나고 교구를 정리한 후 유아들과 활동이 재미있었는지, 어려운 점은 없었는지 평가해 보는 시간을 갖는다.

순서 짓기

교구명 1-6-1 크기대로 놓아요

활동목표
- 사물의 크기를 비교하고 순서대로 놓을 수 있다.
- '~보다 작다', '~보다 크다' 와 같은 수학적 비교어휘를 사용할 수 있다.

수학적 개념 서열

수학적 과정기술 추론하기, 의사소통하기, 연계하기

활동연령 만 2~3세

활동인원 4~8명

활동영역 수 · 조작 영역

활동자료 활동판 2개, 크기가 다른 여러 가지 과일모형들, 가위바위보 주사위, 보관상자 8개

제작재료

〈활동판〉

하드보드지, 융, 펠트지, 마스킹테이프, 가위, 칼, 글루건

〈크기가 다른 여러 가지 과일모형들〉

펠트지, 바늘, 실, 솜, 찍찍이

〈보관상자〉

하드보드지, 시트지, 마스킹테이프, 가위, 칼

〈가위바위보 주사위〉

하드보드지, 색지, 가위, 풀, 시트지, 마스킹테이프, 펠트지

제작방법

〈활동판〉

① 하드보드지의 앞 · 뒤를 융으로 붙인다.

② 펠트지를 얇게 잘라 융판 위에 가로 6칸, 세로 5칸을 만들어 붙인다.

③ 가로 맨 위 칸에는 크기별로 5개 준비한 도형을 작은 모양에서 큰 모양으로 붙인다.

④ 테두리는 마스킹테이프로 마무리한다.

〈크기가 다른 여러 가지 과일모형들〉

① 과일 4가지(사과, 딸기, 배, 수박)와 순서를 알려주는 동그라미 모양을 정한다.

② 과일 4가지와 동그라미 모양을 크기별로 각각 5개씩 펠트지에 그리고 오린다. 이때 활동판이 2개이므로 실제 모형은 모두 50개이다.

③ 두 장을 겹쳐 안에 솜을 넣고 바늘로 꿰맨다.

〈정리상자〉

① 가로 12cm, 세로 12cm 크기의 상자를 8개 만든다.

② 색깔 시트지로 상자를 싼다.

③ 테두리는 마스킹테이프로 마무리한다.

④ 상자를 여는 곳에는 열고 닫을 수 있게 까슬이와 보슬이를 붙인다.

〈가위바위보 주사위〉

① 하드보드지로 가로 13cm, 세로 13cm 크기의 정사각형을 2개 만든다.

② 색지로 정사각형을 싼다.

③ 가위, 바위, 보 모양을 2장씩 준비한다.

④ 6면에 가위, 바위, 보 모양을 붙인다.

⑤ 시트지로 싼다.

⑥ 테두리는 마스킹테이프로 마무리한다.

활동방법

〈도입〉

① 유아들과 손유희를 한다.

교사 : "엄마오리가 도시락을 가지고 소풍을 간다. 뒤뚱!~
아기오리가 도시락을 가지고 소풍을 간다. 뒤뚱!~"

② 손유희에서 표현한 엄마오리와 아기오리의 도시락 크기에 대해 이야기한다.

교사 : "엄마오리의 도시락은 얼마만큼 크나요?"

유아 : "이만큼이요"

교사 : "그럼 아기오리 도시락은요?"

유아 : "요만큼이요"

교사 : "그럼 엄마오리랑 아기오리의 도시락 중 어느 것이 더 큰 도시락이었어요?"

유아 : "엄마도시락이 아기도시락보다 커요"

〈전개〉

① 유아들에게 교구를 소개하고 여러 크기의 모양을 작은 모양에서 큰 모양, 큰 모양에서 작은 모양으로 나열해 보도록 한다. 유아가 어려워할 경우 가장 긴 것과 가장 짧은 것을 선택하고 나머지 2개를 비교해서 나열해 보도록 한다.

② 게임방법과 게임규칙에 대해 이야기 나눈다.

③ 한 팀에 4명씩 두 팀으로 나눈다.

④ 두 팀이 활동판을 하나씩 나누어 갖는다.

⑤ 팀에서 각자 좋아하는 모양을 골라 자신들이 붙일 칸 맨 앞에 붙인다.

⑥ 가위 · 바위 · 보 주사위를 팀에 하나씩 준다.

⑦ 주사위를 던져 이긴 사람이 작은 크기의 모양부터 붙여 나간다.

⑧ 활동판에 크기별로 먼저 붙인 팀이 이긴다.

〈마무리〉

① 활동이 끝난 후 교구를 정리하도록 하고 유아들과 재미있었는지, 어려운 점은 없었는지 평가해 보는 시간을 갖는다.

교구명 1-6-2

요술상자

활동목표
- 사물의 크기를 비교하고 순서대로 놓을 수 있다.
- '~보다 작다', '~보다 크다' 와 같은 수학적 비교어휘를 사용할 수 있다.

수학적 개념 서열

수학적 과정기술 추론하기, 의사소통하기, 연계하기

활동연령 만 3~4세

활동인원 1~2명

활동영역 수 · 조작 영역

활동자료 크기가 다른 상자 4개

제작재료 하드보드지, 상자, 부직포, 찍찍이, 눈알, 접착 시트지, 가위, 칼, 마스킹 테이프, 색상지, 테이프, 색끈

제작방법

〈크기가 다른 상자〉

① 크기별로 네 개의 상자를 만든다.

② 상자를 만든 후 빨강, 보라, 노랑, 연두 색지를 붙인다.

③ 개구리, 잠자리, 나비, 사과나무의 변화과정을 각각 하나의 색을 골라 각 상자에 붙인다.

④ 투명시트지로 감싼 후 마스킹테이프로 테두리를 붙인다.

⑤ 한쪽을 뚫어 색끈을 만들고 다른 한쪽에 움직이지 않게 보슬이와 까슬이를 붙인다.

활동방법

① 상자를 흔들면서 여기엔 무엇이 있을까 예측해 보도록 한다.

② 상자 안의 뚜껑을 열고 상자들을 하나씩 꺼낸다.

③ 유아들이 상자를 크기별로 색깔에 맞추어 쌓아보도록 한다.

④ 밑에 있는 상자부터 각 면에 있는 개구리, 나비, 잠자리, 사과나무의 성장과정을 살펴보도록 한다.

⑤ 쌓은 상자들을 내려서 다시 작은 상자들을 큰 상자에 순서대로 담아 정리한다.

⑥ 활동이 끝난 후 교구를 정리하도록 하고 유아들과 재미있었는지, 어려운 점은 없었는지 평가해 보는 시간을 갖는다.

측정

교구명 1-7-1

누구 키가 더 클까요?

활동목표
- 비표준화된 도구를 사용하여 키를 잴 수 있다.
- 비교와 관련된 수학적 어휘(~보다 작다/~보다 크다)를 사용할 수 있다.

수학적 개념 측정

수학적 과정기술 추론하기, 의사소통하기, 연계하기

활동연령 만 3~4세

활동인원 1~2명

활동영역 수 · 조작 영역

활동자료 동화판, 키재기판, 똑같은 크기의 펠트막대 6개, 호랑이 · 양 · 팬더 · 기린 · 돼지 모형, 키비교판, 동물이름 카드, 크다 · 작다 카드, 수 카드

제작재료 하드보드지, 색상지, 풀, 투명시트지, 검은색 테이프, 펠트지, 융, 찍찍이, 보슬이, 바늘, 실, 가위, 글루건

제작방법

〈동화판〉

① 하드보드지에 바탕색이 될 색지를 붙이고 그 위에 '누구의 키가 더 클까요?' 라는 제목을 색지로 오려붙인다. 그 위에 투명시트지를 붙이고 검은색 테이프를 붙여 마무리하여 표지를 만든다.

② 하드보드지 5장에 색지를 오려 각각의 동화내용에 대한 배경을 만들어 붙이고 투명시트지를 씌운 후 검은 테이프로 테두리를 감싸 마무리한다.
③ 그 위에 각 동화내용에 등장하는 동물들을 펠트지로 오려 붙인다.
④ 뒷 장에는 각각의 동화내용을 적어오려 붙이고 투명시트지를 덧붙인다.

〈키재기 판〉

① 하드보드지에 융을 붙이고 펠트지를 오려 키재기라는 글씨와 키재기 선을 붙인다.

〈펠트막대〉

① 펠트막대를 직사각형으로 잘라 2장씩 붙여 바느질하고 바느질하지 않은 면으로 솜을 집어넣은 후 다시 꿰매어 모두 6개를 완성한다.

② 그 위에 숫자 1~6까지 각각 2개씩 펠트지로 오려 펠트막대에 붙인다.

〈동물모형〉

① 펠트지로 호랑이, 양, 팬더, 토끼, 기린, 돼지를 두겹으로 오려붙이고 뒤에 찍찍이를 붙인다.

〈키 비교판〉

① 하드보드지에 융을 붙이고 색 테이프로 테두리를 마무리한다.

② 펠트지로 작은 사각형 2개를 오리고 그 안에 칸이라는 글자를 오려 붙인다. 이것을 ①의 융판 오른쪽 윗부분에 붙인다.

③ ①의 융판에 동물얼굴과 물음표를 펠트지로 오려 가장자리에 붙인다(아래 사진참조).

〈동물이름 카드와 크다 · 작다 카드〉

① 펠트지를 직사각형으로 오려 2장씩 붙인다.

② ① 위에 펠트지로 동물이름과 크다 · 작다 글씨를 오려붙인다.

③ 뒤에 찍찍이를 붙인다.

활동방법

〈도입〉

① 유아들에게 간단한 동화를 들려준다.

교사 : "오늘 친구들에게 동화를 들려 줄 거예요. 제목은 『누구 키가 더 클까요?』예요. 잘 들어보세요."

유아 : "네."

호랑이는 자기의 키가 얼마나 큰지 궁금했어요. 그래서 다른 동물친구와 키를 재어보기로 했어요. 호랑이는 길을 가다가 양친구를 만났어요. 호랑이가 양친구를 보고 "내 키가 더 클거야"라고 말했더니 양친구도 "내 키가 더 커"라고 말했어요.

호랑이는 이번에는 팬더친구를 만났어요. 호랑이는 '팬더보다 내 키가 더 클거야'라고 생각했어요. 그래서 팬더와 키를 재보기로 했어요.

호랑이가 이번에는 토끼를 만났대요. 토끼를 보더니 "우리 한 번 키를 재보자"라고 말했어요.
호랑이가 이번에는 기린을 만났대요. 기린을 보더니 "기린아! 우리 한 번 키를 재볼래?" 라고 말했더니 기린이 좋다고 했어요.
호랑이가 이번에는 돼지를 만났대요. 돼지를 보더니 "돼지야! 우리 한 번 키를 재보자." 라고 말했더니 돼지가 좋다고 했어요.

② 유아들에게 동화에서 나온 어떤 동물의 키가 더 클지 예측해 보도록 한다.

교사 : "먼저 호랑이보다 큰 동물들은 어떤 동물이 있을까요?"
유아들 : "기린이요. 팬더요."
교사 : "그러면 어떤 동물의 키가 호랑이보다 작을까요?"
유아 : "토끼요."
유아 : "돼지요."
교사 : "정말로 그런지 선생님이 교구를 가지고 왔어요. 같이 확인해 보도록 해요."
유아 : "네."

〈전개〉

① 교구를 소개하고 유아들과 함께 동화에 나온 동물들의 키를 재어본다.

교사 : "먼저 여기 있는 키재기 판에 호랑이를 붙이고 막대를 쌓아서 몇 칸이 되는지 키를 재어보자."
유아 : " 네."
교사 : (펠트막대를 붙이며) "모두 몇 칸이 쌓였나요?"
유아 : "네 칸이요."
교사 : "이번에는 호랑이보다 크다고 생각하는 동물을 붙여보자. 무엇을 붙일까?"
유아 : "기린이요."
교사 : (펠트막대를 붙이며) "모두 몇 칸이 쌓였나요?"
유아 : "6칸이요."
교사 : "그럼 누가 더 큰가요?"
유아 : "기린이 호랑이보다 커요."
교사 : "그래요. 그럼 기린이 호랑이보다 몇 칸 더 큰지 세어볼까요?"
유아 : "한 칸, 두 칸."

② 키비교판에 동물이름 카드와 숫자카드, 크다 · 작다 카드를 붙여본다.

〈마무리〉

① 활동이 끝난 후 교구를 정리하도록 하고 유아들과 재미있었는지, 어려운 점은 없었는지 평가해 보는 시간을 갖는다.

② 유아들의 키를 여러 가지 도구를 사용하여 재어보고 친구들과 누구의 키가 더 큰지 비교해 본다.

규칙성(패턴)

교구명 1-8-1 맛있는 꼬치를 만들어요

활동목표
- 일정한 반복이 있는 규칙을 발견하고 다음에 올 순서를 예측할 수 있다
- 일정한 반복이 있는 규칙을 발견하고 스스로 패턴을 만들어본다.

수학적 개념 패턴

수학적 과정기술 예측하기, 의사소통하기, 연계하기

활동연령 만 5세

활동인원 1~2명

활동영역 수 · 조작 영역

활동자료 음식재료 선택상자, 음식재료 상자, 페트병 주사위(大), 페트병 주사위(小), 꼬치막대 2개, 음식재료 그림자, 꼬치 만들기(선생님 도와주세요!)판, 패턴변형 카드

제작재료 작고 뚜껑이 큰 페트병(800ml 게토레이) 8개, 1.5L 페트병 1개, 작은 600ml 페트병 1개, 스프링 18개, 체크포장지(주황, 파랑, 연두) 3가지, 점핑클레이(빨강, 파랑, 노랑, 검정, 흰색, 갈색, 보라, 주황, 초록) 하드보드지 5장, 코르크우드락, 함석판, 자석(여러 개), 숫자글씨, 펠트지(황토), 실, 바늘, 가위, 글루건, 작은 하트구슬, 작은 주사위구슬, 검정색 머메이드지, 찍찍이 우드락(분홍)

제작방법

〈음식재료 선택상자〉

① 빨강 하드보드지를 잘라 32×22의 상자를 만들고 가로 22cm 부분에 칸막이를 만들고 세로로 11cm 씩 반을 나눈다.

② 작고(800ml) 뚜껑이 큰 페트병(게토레이) 8개를 깨끗이 씻고 말린 후 반으로 자른다.

③ 우드락을 ②의 구멍에 맞게 동그랗게 자른 후 스프링을 2개 이어 우드락의 가운데에 붙인다.

④ ③을 ②에 붙인다.

⑤ 점핑클레이를 이용하여 작은 음식재료(페트병입구 구멍보다 작게)를 만든다.

⑥ 체크무늬 포장지를 페트병입구 구멍보다 작게 하여 동그랗게(지름 3cm) 자르고 코팅한다.

⑦ ⑥에 찍찍이를 작게(1cm) 붙인다.

⑧ ⑤를 붙이고 음식이름을 밑에 붙여준다.

〈페트병 주사위(大)〉

① 페트병을 반으로 자르고 구멍에 맞게 우드락을 동그랗게 잘라 세 가지 색으로 바닥을 3등분하여 붙인다.

② 하드보드지를 2개로 겹쳐 3등분한 곳에 칸막이를 만든다.

③ "2, 3, 다시 한 번" 글씨를 붙인다.

④ ③까지 완성된 우드락을 페트병 구멍에 붙인다.

⑤ 하트구슬을 넣는다.

〈페트병 주사위(小)〉

① 페트병을 반으로 자르고 구멍에 맞게 우드락을 동그랗게 잘라 세 가지 색으로 바닥을 3등분하여 붙인다.

② 하드보드지를 2개로 겹쳐 3등분한 곳에 칸막이를 만든다.

③ "2, 3, 다시 한 번" 글씨를 붙인다.

④ ③까지 완성된 우드락을 페트병 구멍에 붙인다.

⑤ 네모난 주사위 구슬을 넣는다.

〈"선생님 도와주세요!" 도우미판〉

① 코르크우드락을 28×20으로 자른다.

② 함석판을 2×17로 잘라 ①의 가운데 붙이고 그 위에 황토색 펠트지로 2.5×17.5를

잘라 붙인다.

③ ②위에 투명색 시트지를 씌운다.

〈"선생님 도와주세요!" 도우미 그림자카드〉

① 검정색 머메이드지로(음식재료- 소세지, 피망, 버섯, 당근, 감자, 옥수수, 당근, 가지, 파) 그림자카드를 만든다.

② ①을 코팅한다.

③ 뒷면에 작은 자석을 붙인다.

〈음식재료상자〉

① 빨강 하드보드지를 잘라 13×13의 상자를 만든다.

② 테두리를 빨강색 테이프로 마무리한다.

〈음식재료〉

① 소세지는 갈색을 둥글고 길쭉하게 만들고 조금 구부려 조각칼로 칼자국을 내준다.

② 당근은 주황색 점핑클레이를 삼각형 모양으로 둥글게 만들고 초록색으로 윗부분에 잎모양을 만든다.

③ 가지와 파, 옥수수, 버섯, 감자도 재료의 특징에 맞게 4×4 정도의 크기로 만든다.

〈꼬치막대〉

① 합석판을 2.5×20cm로 2개 잘라 겹쳐 붙이고 끝부분을 위험하지 않게 둥글게 잘라준다.

② 황토색 펠트지를 2.8×20.3cm로 잘라 2장을 겹치고 그 안에 ①을 넣고 가장자리를 바느질한다.

〈패턴변형 카드〉

① 점핑클레이를 이용하여 작은 음식재료(페트병입구 구멍보다 작게)를 만든다.

② 체크무늬 포장지를 페트병입구 구멍보다 작게 하여 동그랗게(지름 3cm) 자르고 코팅한다.

③ ②에 찍찍이를 작게(1cm) 붙인다.

④ ①를 붙이고 음식이름을 밑에 붙여준다.

활동방법

〈도입〉

① 교구에 있는 음식재료들(피망, 감자, 옥수수, 파, 버섯, 소세지, 당근, 가지, 새우)에 대하여 설명한다.

② 꼬치를 먹어본 적이 있는지, 맛은 어땠는지, 어떤 음식재료를 꽂아서 만드는지 이야기해 본다.

③ 꼬치 사진이나 그림자료를 보여준다.

교사 : "초록반 친구들 선생님이 오늘 많은 음식재료들을 가져 왔는데 어떤 것이 볼까요?"

유아 : "네!"

교사 : "여기 피망, 당근, 옥수수, 파, 소세지, 감자, 가지, 버섯이 있는데 이런 재료들로 무엇을 만들 수 있을까요?"

유아 : "떡볶이요! 피자요! 꼬치요!"

교사 : "그래요. 여러 가지 다양한 음식을 만들 수 있지만 오늘은 꼬치 만들기에 대해서 이야기해 볼 거예요. 꼬치를 먹어본 적이 있나요?"

유아 : "네."

교사 : "맛이 어땠나요?"

유아 : "여러 가지 재료맛이 났어요!"
"맛있었어요!"

교사 : "그렇구나. 선생님이 꼬치 사진을 보여줄게요."
(다양한 꼬치 사진을 보여주며 꼬치 만드는 방법을 이야기해 준다.)

〈전개〉

① 두 명의 유아가 활동을 할 경우 가위, 바위, 보로 순서를 정한다.

② 먼저 이긴 유아는 음식재료 선택상자에 있는 큰 페트병 주사위를 흔든다.

③ 숫자가 나오면 그 수만큼 음식재료 선택상자의 뚜껑을 연다("다시 한 번"이 나오면 페트병 주사위(大)를 다시 흔들어 숫자가 나오도록 한다).

④ 뚜껑을 열고 어떤 음식재료인지 확인하고 순서대로 음식재료 상자에서 재료를 가져온다.
(예: 페트병 주사위(大)를 흔들어 숫자 2가 나오면 음식재료 선택상자에 주황색 뚜

껑을 열고 만약 새우, 파가 나오면 음식재료 상자에서 새우, 파 순서로 가져와 자기 앞에 놓는다.)

⑤ 작은 페트병 주사위를 흔든다("다시 한 번"이 나오면 페트병 주사위(小)를 다시 흔들어 숫자가 나오도록 한다).

⑥ 숫자가 나오면 숫자가 나온 만큼 준비된 재료를 반복하여 붙인다(예: 만약 3이 나오면 ④에서 준비된 재료 새우, 파의 패턴을 3번 반복한다. 새우 · 파－새우 · 파－새우 · 파).

⑦ 꼬치를 완성한다.

※ 만약 유아가 어떻게 패턴을 반복하는지 어려워 하면 "선생님 도와주세요!" 도우미판에 선생님이 음식재료 그림자로 패턴을 붙여준다. 그러면 유아는 그림자를 보고 반복되는 패턴을 추측하며 활동한다.

※ 음식재료 선택상자에 있는 패턴변형 카드를 이용하여 유아가 직접 패턴을 바꿀 수 있다.

(예: 뚜껑을 열고 스프링에 붙어있는 찍찍이에 재료를 바꿔 옥수수, 당근, 파…를 두 번 붙여 AAB패턴, ABB패턴도 만들 수 있다.)

교사 : "선생님이 오늘 우리 초록반 친구들에게 '맛있는 꼬치를 만들어요' 교구를 소개시켜 줄 거예요. 어떻게 꼬치를 만드는지 잘 들어보세요."

유아 : "네."

교사 : "어떤 친구가 해볼까요?"

유아 : "저요(한 명의 유아가 앞으로 나온다)."

교사 : "자, 그럼 큰 페트병 주사위를 흔들어 보세요. 어떤 숫자로 구슬이 들어갔나요?"

유아 : "2예요!"

교사 : "그럼, 음식재료 선택상자의 뚜껑을 2개 열어 보세요. 무엇이 나왔나요?"

유아 : "옥수수랑 새우요."

교사 : "음식재료 상자에서 옥수수랑 새우 상자를 가져가세요. 그리고 작은 페트병 주사위를 흔들어 보세요. 이번에는 어떤 숫자가 나왔나요?"

유아 : "3이요."

교사 : "그럼 꼬치 막대 위에 옥수수, 새우를 반복해서 세 번 붙이면 되는거예요!" 먼저 옥수수, 새우, 옥수수 그럼 다음에는 무엇이 올까요?"

유아 : "새우요!"

교사 : "그럼, 그 다음은요?"

유아 : "옥수수, 새우요."

교사 : "네, 우리 친구 너무 잘했어요! 그런데 잘 모른다면 선생님에게 도와주세요! 라고 말해 주세요. 그럼 선생님이 그림자 음식재료로 힌트를 주도록 할게요! "

유아 : "네."

교사 : "우리 초록반 친구들 잘했어요! 그리고 선생님이 여기 수 교구장에 둘테니 친구들과 함께해 보도록 하세요!"

유아 : "네."

〈마무리〉

① 꼬치를 완성하고 친구들과 소꿉놀이나 역할놀이(가게놀이, 시장놀이)도 할 수 있다.

② 활동을 끝낸 유아에게 격려하고 다음에 또 다른 패턴을 만들어 활동하도록 한다.

교구명 1-8-2 동물패턴 원통 교구

활동목표
- 일정한 반복이 있는 규칙을 발견하고 다음에 올 순서를 예측할 수 있다.
- 일정한 반복이 있는 규칙을 발견하고 스스로 패턴을 만들어본다.

수학적 개념 패턴

수학적 과정기술 예측하기, 의사소통하기, 연계하기

활동연령 만 3세

활동인원 2명 이상

활동영역 수 · 조작 영역

활동자료 패턴 원통, 그림카드, 손가락인형

제작재료 펠트지, 접착 펠트지, 실, 바늘, 가위, 글루건, 꼬임줄, 눈알, 책꽂이, 래커(흰색), 두꺼운 도화지, 하드보드지(초록), 접착아세테이트지, 실장갑, 알루미늄 원통, 머메이드지, 스카치테이프, 솜

제작방법

〈인형〉

① 펠트지에 닭, 오리, 돼지, 송아지의 모양을 그린다.

② 그린 그림을 오린다.

③ 바느질을 하고 솜을 넣어준다.

④ 글루건으로 눈을 붙여준다.

(※ 위와 같은 방법으로 동물 각각 7개씩 만든다.)

〈패턴 원통〉

① 책꽂이를 래커로 칠한다.

② 원통과 책꽂이를 나사를 이용해서 연결시킨다.

③ 양옆으로 튀어나온 나사에 펠트지로 만든 꽃을 붙여준다.

④ 원통 길이에서 6등분의 사이즈로 두꺼운 도화지를 자른 후 각각 한 개씩 원통에 감고 스카치테이프로 붙여준다.

(※ 6등분을 하되 사이에 공간이 생기게 만들어줘야 한다.)

⑤ 각각 붙인 도화지 위에 접착 펠트지도 각각 붙여준다.

⑥ 각각 붙인 접착 펠트지 모서리에 꼬임줄을 붙인다.

⑦ 펠트지로 만든 인형을 각 칸마다 간격을 맞춰 4개씩 붙인다.

〈그림카드〉

① 머메이드지에 닭, 오리, 돼지 , 송아지 그림을 그린다.

② 그림을 오리고 붙여 동물을 만든다. (※ 동물 각각 3마리씩)

③ 하드보드지(초록)를 적당한 크기로 자르고 동물그림을 붙인다.

④ 붙인 그림 위에 아세테이트지를 붙인다.

⑤ 뒷면에는 접착 펠트지를 붙인다.

⑥ '패턴을 만들어보아요' 의 문구를 코팅하여 접착 펠트지 위에 붙인다.

〈그림카드 주머니〉

① 그림카드 크기에 맞게 펠트지를 오린다.

② 펠트지를 오려 바느질하여 주머니를 만든다.

③ 책꽂이 옆에 만들어진 그림카드 주머니를 글루건을 이용하여 붙인다.

〈손가락인형〉

면장갑 손가락 끝에 글루건을 이용하여 인형을 붙여준다.

활동방법

〈도입〉

① '동물농장' 노래를 부른다.

② 패턴의 개념을 설명한다.

교사 : "우리 친구들 저번 시간에 배웠던 '동물농장' 노래 기억하지요?"

유아 : "네~."

교사 : "그럼 우리 친구들 '동물농장' 노래 먼저 불러봐요."

유아 : "네."

(동물농장- 닭장 속에는 암탉이, 문간 옆에는 오리가, 우리 안에는 돼지가, 외양간에는 송아지~)

(선생님은 손가락인형을 움직이며 노래를 부른다.)

교사 : "우와~ 우리 친구들 너무너무 잘했어요. 선생님이 끼고 있는 인형에는 노래에서 나왔던 닭 친구, 오리 친구, 돼지 친구, 송아지 친구가 있지요?"

유아 : "네."

교사 : "이 친구들을 데리고서 오늘은 선생님과 함께 패턴을 만들어볼 거예요. 패턴이란 그림을 보고 반복하여 맞춰보는 것을 말해요. 우리 친구들 패턴을 잘 만들어볼 수 있겠어요?"

유아 : "네."

교사 : "우리 친구들 대답을 너무 크게 잘했어요~. 선생님 설명을 간단하게 얼른 듣고서 패턴을 만들어봐요."

유아 : "네."

〈전개〉

① 활동을 설명한다.

② 카드에 나온 그림대로 그림을 맞춰본다.

교사 : (패턴 원통을 꺼내며) 짜잔~ 오늘 수업을 위해서 선생님이 준비해온 패턴 원통이에요~. 여기 보니까 아까 말했듯이 '동물농장' 노래에 나온 동물친구들 있지요?"

유아 : "네."

교사 : "(그림카드 주머니에서 그림카드를 꺼내며) 짜잔~ 이 카드에도 동물친구들이 있네요. 우리 친구들이 한 명씩 나와서 그림카드를 뒤집어 보고 그림카드의 그림처럼 동물친구들을 반복해서 만들어보는 거예요. 우리 친구들 잘 할 수 있겠어요?"

유아 : "네."

교사 : "대답을 크게 한 미소친구부터 나와봐요."

유아 : "네."

교사 : "그림카드를 뒤집어볼까요? 어떤 동물이 나올까?"

유아 : (그림카드를 뒤집고 나서) "송아지랑 닭이요."

교사 : "미소친구는 송아지랑 닭이 나왔네요. 그럼 송아지랑 닭을 맞춰볼까요?"

유아 : (원통을 돌리며 맞춘다.)

교사 : "우와! 우리 미소친구 그림카드와 똑같이 잘 맞췄어요. 그 다음엔 어떻게 해야 할까요?"

유아 : "똑같이 만들어요."

교사 : "그래요. 아까 선생님이 설명한 것처럼 그림을 반복해서 만들어보는 거예요."

유아 : "네." (패턴을 만든다)

교사 : "너무너무 잘했어요. 미소친구가 뽑은 송아지 친구랑, 닭 친구를 예쁘게 놓았네요."

〈마무리〉

① 활동이 끝난 후 교구를 정리하도록 하고 유아들과 재미있었는지, 어려운 점은 없었는지 평가해 보는 시간을 갖는다.

교구명 1-8-3

달팽이 릴레이

활동목표
- 일정한 반복이 있는 규칙을 발견하고 다음에 올 순서를 예측할 수 있다.
- 일정한 반복이 있는 규칙을 발견하고 스스로 패턴을 만들 수 있다.

수학적 개념 패턴

수학적 과정기술 예측하기, 의사소통하기, 연계하기

활동연령 만 4~5세

활동인원 1~2명

활동영역 수 · 조작 영역

활동자료 패턴판(우드락판, 중간 달팽이 9마리), 게임판(왕달팽이판, 아기달팽이 15마리)

제작재료 우드락, 시트지, 부직포, 머메이드지, 색상지, 찍찍이, 색 테이프, 한지, 금줄

제작방법

〈패턴판〉

① 우드락을 반으로 잘라서 바깥부분을 머메이드지로 붙인다.

② 제목을 붙인 후 시트지로 싼다.

③ 보슬이를 안쪽판에 골고루 9개를 붙인다.

〈왕달팽이판〉

① 커다란 우드락에 같은 모양의 달팽이를 자른다.

② 부직포로 달팽이의 집모양을 자른 후 붙인다.

③ 금줄로 달팽이집 위에 달리기라인을 붙인다.

④ 집 위에 보슬이를 간격을 유지하면서 15개를 붙인다.

⑤ 으드락접착제로 하드보드지에 우드락으로 만든 왕달팽이를 붙인다.

〈중간 달팽이〉

① 색지를 사용하여 같은 크기의 달팽이를 달팽이집의 색깔과 무늬를 3가지로 하여 3개씩 모두 9개를 만든다.

② 코팅하여 뒤에 찍찍이를 붙인다.

〈아기 달팽이〉

① 색지를 사용하여 왕달팽이판의 달리기 라인에 알맞게 달팽이의 크기를 맞추어 각각 색깔과 무늬가 다른 달팽이를 3마리씩 모두 15마리 만든다.

② 코팅한 후 아기달팽이 뒤에 까슬이를 붙인다.

활동방법

〈도입〉

① 달팽이에 관하여 아는지 물어본다.

교사 : "여러분! 달팽이를 본 적이 있어요?"

유아 : "네."

교사 : "어디에서 보았어요?"

유아 : "풀밭이요!", "상추에 붙어 있었어요."

교사 : "어떻게 생겼나요?"

유아 : "딱딱한 껍질 안에 미끌미끌한 몸이 들어가 있어요."

유아 : "더듬이 같은 것아 길게 뻗어있고 그 위에 눈같은 것이 붙어 있어요."

교사 : "어떻게 움직이나요?"

유아 : "천천히 배로 기어가요."

〈전개〉

• 패턴판

① 아무것도 없는 판에 집모양이 다른 달팽이 3마리를 이용해서 순서를 정해 본다 .

② 한 번 더 어떻게 돌아가는지 순서를 보여준다.

③ 그 다음에 올 것이 무엇인지 찾아본다.

④ 유아들이 순서를 정해 보도록 한다.

교사 : (패턴판을 꺼내며) "여기 판이 비어있지요?"

유아 : "그게 뭔데요?"

교사 : "달팽이들을 순서대로 붙이는 판이예요. 이 판에 여기 있는 달팽이 3마리를 순서대로 붙여볼 거예요. 보랑이, 주황이, 파랑이라는 이름을 가진 달팽이들이예요. 자 여기에 이렇게 순서대로 붙여 놓았는데 다음에는 뭐가 올까요?"

유아 : "이거요."

교사 : "그럼 선생님이 다른 순서로 붙여볼테니까 한번 더 해보도록 해요."

유아 : "네."

교사 : "달팽이에 대해 많은 것을 알고 있네요. 그러면 달팽이에 대한 동화를 선생님이 들려줄 건데 잘 들어봐요."

• 달팽이 릴레이판

① 패턴판의 달팽이 순서를 정한다.

② 정해진 순서를 본 후 왕달팽이판에 아기달팽이를 붙여나간다.

③ 먼저 도착지점으로 정확히 붙이면서 오는 사람이 이긴다.

〈마무리〉

① 패턴활동이 끝난 후 교구를 정리하도록 하고 유아들과 재미있었는지, 어려운 점은 없었는지 평가해 보는 시간을 갖는다.

교구명 1-8-4

동물패턴놀이

활동목표
- 일정한 반복이 있는 규칙을 발견하고 다음에 올 순서를 예측할 수 있다.
- 일정한 반복이 있는 규칙을 발견하고 스스로 패턴을 만들 수 있다.

수학적 개념 패턴, 큰 수와 작은 수

수학적 과정기술 예측하기, 의사소통하기, 연계하기

활동연령 만 4~5세

활동인원 2명 이상

활동영역 수 · 조작 영역

활동자료 동물패턴 6종류(코끼리, 원숭이, 호랑이, 오리, 팬더, 젖소) 각 8마리, 각 동물에 대한 사진 또는 그림자료, 패턴제시 카드, 패턴판

제작재료 색한지, 투명시트지, 시트지, 찍찍이, 하드보드지, 우드락접착제, 폼테이프, 머메이드지, 신문지, 밀가루풀, 융판, 부직포, 눈알 등

제작방법

〈동물패턴〉

① 6종류의 동물얼굴 본을 뜬다.

② 얼굴 앞뒤를 똑같이 잘라 속 안에 솜을 넣고 바느질을 한다.

③ 눈알을 붙여 상자 안에 담는다.

〈패턴제시 카드〉

① 만들어놓은 동물들을 여러 가지 패턴으로 구성하여 사진을 찍는다.

② 찍어서 현상한 사진을 하드보드지 위에 붙인다.
③ 하드보드지를 자르고 사진 위에 투명시트지를 붙인다.
④ 카드 앞의 윗면에 숫자 스티커를 붙인다.
⑤ 반대면에는 색 시트지를 붙인다.
⑥ 카드의 모서리부분은 날카로우므로 유아가 다치지 않도록 톡톡 쳐주어 뭉뚝하게 만들어 둔다.

활동방법

〈도입〉

① 유아들에게 동물패턴놀이에 나오는 동물들을 소개한다.

교사 : "친구들! 오늘 선생님이 동물친구들을 소개하려고 하는데 어떤 동물들이 나올까요? 알아맞혀 보세요."

교사 : "몸집이 아주 크고 코가 길어서 손대신 코로 물건을 잡는 동물은?"

유아 : "코끼리요."

교사 : "네, 맞았어요. 짜잔 코끼리 등장이요."

② 유아들과 사진 또는 그림자료를 보면서 각 동물의 생김새, 사는 곳, 습성, 먹이 등에 대해 이야기 나눈다.

〈전개〉

① 먼저 유아가 알기 쉬운 2가지 동물 반복 패턴부터 시작한다.

교사 : "여기 사진에 어떤 동물들이 있니?"

유아 : "코끼리와 호랑이요."

교사 : "그래, 사진처럼 코끼리와 호랑이가 계속 짝을 지어나오도록 이 판에 붙여보자."

유아 : "네."

② 2가지 종류의 동물패턴에 익숙해지면 3가지 동물패턴놀이를 해본다.
③ 동물패턴카드를 섞고 섞은 카드들을 뒤집어 놓는다.
④ 유아들이 순서를 정해 섞은 카드를 뒤집어보도록 한다.
⑤ 뒤집어 놓은 카드 중 카드에 적힌 숫자가 큰 사람이 패턴을 할 수 있다. 같은 숫자가 나오는 경우에는 패턴을 같이 해본다.

〈마무리〉

① 패턴활동이 끝난 후 교구를 정리하도록 하고 유아들과 재미있었는지, 어려운 점은 없었는지 평가해 보는 시간을 갖는다.

교구명 1-8-5 빨래를 널어요

활동목표
- 일정한 반복이 있는 규칙을 발견하고 다음에 올 순서를 예측할 수 있다.
- 일정한 반복이 있는 규칙을 발견하고 스스로 패턴을 만들 수 있다.

수학적 개념 패턴

수학적 과정기술 예측하기, 의사소통하기, 연계하기

활동연령 만 4~5세

활동인원 1~2명

활동영역 수 · 조작 영역

활동자료 옷을 널 수 있는 집, 옷상자, 여러 가지 옷(치마 6개, 바지 6개, 티셔츠 6개, 장갑 6개, 양말 6개), 집게, 패턴카드

제작재료 상자 2개, 하드보드지 2개, 색 테이프, 털실, 펠트지, 투명시트지, 실, 바늘, 박스테이프, 집게, 색상지, 풀, 가위, 칼, 우유팩, 글루건, 나무젓가락, 솜

제작방법

〈옷을 널 수 있는 집〉

① 상자를 집모양대로 제작한다.

② 색상지로 집, 나무, 사람, 구름, 해, 산을 자른다.

③ 제작한 집에 색상지를 붙이고 색 테이프로 가장자리를 두르고 마무리로 시트지를

붙인다.

④ 나무젓가락으로 옷을 널 수 있도록 글루건으로 붙인다.

⑤ 울타리를 세운다.

〈여러 가지 옷〉

① 펠트지로 옷모양을 만든다.

② 옷 안에 솜을 넣으면서 바느질한다.

〈옷상자〉

① 상자에 색상지를 붙인다.

② 우유팩을 잘라 색상지를 붙이고 가장자리에 색 테이프를 붙인다.

③ 상자 가장자리에 색 테이프를 붙인다.

④ 우유팩을 상자에 붙이고 종이옷으로 상자 겉면을 장식한다.

⑤ 마무리로 투명시트지를 붙인다.

〈패턴카드〉

① 색상지와 하드보드지를 크기가 같게 자른 다음 붙인다.

② 여러 가지 옷을 모양대로 자른다.

③ 자른 종이옷을 색상지에 여러 가지 방법으로 붙인다.

④ 붙인 카드 가장자리에 색 테이프를 붙인 다음 투명시트지로 마무리한다.

활동방법

① 유아들에게 교구를 소개하고 활동방법에 대해 이야기 나눈다.

교사 : "친구들! 오늘 선생님과 게임을 할 건데 이 상자 안에 무엇이 들어있는지 열어볼까요?"

유아 : "반팔이랑 짧은 바지요."

유아 : "땡땡이 원피스요."

교사 : "이 외에 또 어떤 옷들이 있을까요?"

유아 : "긴 팔이요. 청바지요."

교사 : "이 옷들을 여기 빨래대에 널려고 그래요. 그런데 여기 카드 있지요. 이 카드에 나온 순서대로 한 번 널어보세요."

유아 : "네."

교사 : (카드 하나를 집고서) "선생님이 먼저 널어볼게요. 치마, 긴 바지, 치마 이렇게 나와 있는데 그 다음에는 무엇을 널어야 할까요?"

유아 : "긴 바지요."

교사 : "네 맞았어요. 그럼 한 번 순서대로 널어볼까요?"

유아 : "네."

교사 : (순서대로 옷을 넌다) "이제 여러분이 여기 있는 카드 중에 하나를 골라 빨래를 순서대로 널 수 있겠지요?"

유아 : "네."

② 유아 두 명이 가위바위보로 순서를 정한다.

③ 이긴 유아가 먼저 패턴카드를 선택해 옷을 빨래대에 널어본다.

④ 첫 번째 유아가 끝나면 그 다음 유아가 같은 방법으로 활동한다.

⑤ 활동이 끝나면 교구를 정리하도록 하고 유아들과 재미있었던 것이나 어려웠던 점에 대해 평가해 보는 시간을 갖는다.

교구명 1-8-6 닭이 알을 낳았어요

활동목표
- 일정한 반복이 있는 규칙을 발견하고 다음에 올 순서를 예측할 수 있다.
- 일정한 반복이 있는 규칙을 발견하고 스스로 패턴을 만들 수 있다.

수학적 개념 패턴

수학적 과정기술 예측하기, 의사소통하기, 연계하기

활동연령 만 4~5세

활동인원 2명

활동영역 수 · 조작 영역

활동자료 닭장(알을 담을 상자), 패턴놀이 계란판, 여섯 가지 색공, 제시카드, 빨간 병아리 깃발, 노란 병아리 깃발

제작재료 펠트지, 하드보드지, 바늘, 실, 마스킹테이프, 글루건, 눈알, 이쑤시개, 탁구공, 우드락 물감, 붓, 팔레트, 찍찍이(까슬이 · 보슬이), 계란판, 검정색 래커

제작방법

〈색공〉

① 탁구공에 우드락 물감(빨 · 주 · 노 · 초 · 파 · 남 · 보)을 붓으로 칠한다.

② 건조시킨다.

〈알 담을 상자〉

· 윗부분

① 펠트지에 닭모양의 도안을 그린다.

② 오려서 바늘로 바느질(버튼홀스티치)한다.

· 상자부분

③ 하드보드지에 직육면체 도안을 그린다(몸통부분).

④ 하드보드지에 직육면체 2개를 그린다(지붕부분).

⑤ 몸통부분과 지붕부분을 조합해서 글루건으로 붙인다.

⑥ 지붕부분 중간을 칼로 그어 구멍을 낸 후 펠트지로 만든 닭을 끼워 붙인다.

⑦ 상자표면을 펠트지로 꾸며준다.

〈패턴놀이판〉

① 계란판에 검정색 래커를 뿌려 건조시킨다.

② 하드보드지에 34cm×30cm×4cm로 직육면체 상자 도안을 그린다.

③ 도안을 칼로 오린 후 글루건으로 조합한다.

④ 상자 끝부분을 마스킹테이프로 마무리한다.

⑤ 제시카드가 들어갈 자리를 남기고 계란판을 붙인다.

〈제시카드〉

① 하드보드지를 19cm×8cm로 사각형 도안을 그린다.

② 칼로 오린 후 면에 접착 펠트지로 붙인다.

③ 마스킹테이프로 끝부분을 마무리한다.

④ 펠트지로 제시할 패턴들을 오려붙인다.

〈노란 병아리 깃발 · 빨간 병아리 깃발〉

① 펠트지로 노란 병아리와 빨간 병아리를 오려 이쑤시개에 붙인다.

활동방법

① 패턴놀이판과 닭장(알 담은 상자)을 보여주고 알 담은 상자를 흔들어주어 유아에게 궁금증을 유발시키며 시작한다.

② 교구를 소개하고 게임방법과 규칙을 설명한다.

③ 유아 두 명이 나와 가위바위보로 순서를 정한다.

④ 이긴 유아가 먼저 제시카드를 보고 그대로 색공을 계란판에 놓아보도록 한다.

⑤ 그 다음에 똑같은 순서로 놓아보도록 한다.

⑥ 다른 유아도 제시카드를 골라 그대로 색공을 계란판에 놓아본 후 똑같은 순서로 놓

아보도록 한다.

⑦ 계란 4줄 중 2줄씩 앞부분에 노란 병아리와 빨간 병아리 깃발을 꽂아놓는다.

⑧ 유아 두 명이 나와서 각각 깃발이 있는 부분을 선택한다.

⑨ 제시카드를 하나 골라 각자 깃발이 있는 부분에서 색공을 순서대로 나열해 본다.

⑩ 먼저 패턴을 완성한 유아가 이긴다.

⑪ 패턴활동이 끝난 후 교구를 정리하도록 하고 유아들과 재미있었는지, 어려운 점은 없었는지 평가해 보는 시간을 갖는다.

분류

교구명 1-9-1 생활 속의 즐거움

활동목표 • 주변환경 속에서 도형을 인식할 수 있다.
• 도형별로 분류할 수 있다.

수학적 개념 분류, 수세기

수학적 과정기술 의사소통하기, 연계하기

활동연령 만 3~4세

활동인원 2~4명

활동영역 수 · 조작 영역

활동자료 주변에서 볼 수 있는 사물그림 카드 여러 장, 그림을 붙일 수 있는 판, 그림분류판, 샴푸통 돌림판, 정리함

제작재료 하드보드지, 디자인지, 펠트지, 색연필, 가위, 실, 바늘

제작방법

〈주변환경에서 볼 수 있는 사물그림 카드〉

① 흰색 디자인지를 세모, 네모, 동그라미로 자른다.

② 그 위에 그림을 그린다.

○ - 사탕, 시계, 축구공, 수박, 지구, 안경, 피자 , 돼지, 해

□ - 가방, 냉장고, 칠판, 텔레비전, 지우개, 건물, 창문, 책, 액자

△ - 당근, 오징어, 고깔모자, 딸기, 산, 트라이앵글, 깃발, 아이스크림

③ 그림이 완성되면 빨간색, 노란색, 파란색 색지를 그 위에 덧댄 후 도형모양대로 오리고 코팅한다. 큰 연령의 유아들은 사물의 모양을 정확히 분류하도록 하기 위해 사물카드의 모양과 겉 테두리색을 같은 것으로 통일해 주도록 한다.

〈여러 가지 사물그림 카드와 그림보관판〉

〈사물분류판〉

① 하드보드지를 일정한 크기로 자른다. 모서리부분은 둥글게 자른다.

② 펠트지를 알맞게 자르고 하드보드지를 넣은 후 버튼홀스티치로 바느질한다.

③ 검은 펠트지를 길고 가늘게 오려 분류영역을 만들고 도형(○, △, □)을 색깔별로 오려 붙여 분류영역을 표시해 준다.

〈샴푸통 돌림판〉

① 하드보드지와 펠트지를 사용하여 그림을 붙일 수 있는 동그란판을 만든 뒤 9등분의 선을 만들어 1, 2, 3과 도형(○, △, □)을 각각 3개씩 오려 붙인다(아래 그림참조).

② 샴푸통은 밑부분을 잘라 하드보드지와 펠트지를 덧댄다. 동그란 판 가운데 구멍을 뚫어 샴푸통을 끼워넣는다. 끼워넣을 때 뚜껑분리 가능한 다 쓴 샴푸통을 재활용한다.

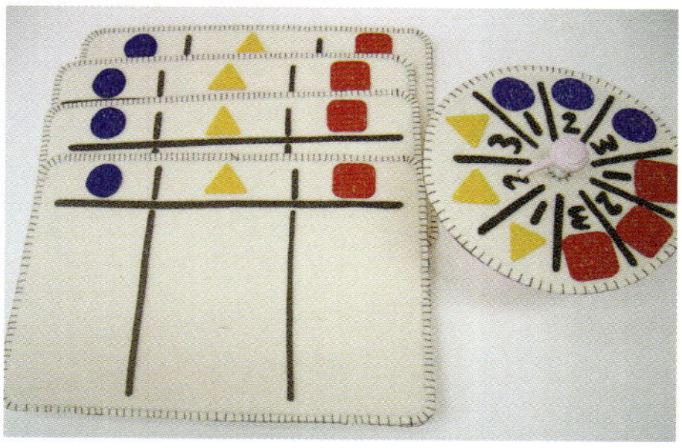

〈사물분류판과 샴푸통 돌림판〉

활동방법

〈도입〉

① 세모, 네모, 동그라미의 명칭에 대해 알려주고 주변에서 볼 수 있는 세모, 네모, 동그라미 모양에 대해 이야기 나눈다.

〈전개〉

① 사물그림 카드에 있는 사물들을 보면서 무슨 모양과 비슷한지 이야기 나눈다.

② 샴푸통에 있는 주사위판을 돌리다가 샴푸통 꼭지를 눌러나온 모양과 숫자만큼 카드를 찾아 자기 사물분류판에 붙인다.

③ 카드가 모두 없어지면 자기 사물분류판에 붙인 카드의 수를 세어본다.

④ 카드의 수가 더 많은 유아가 이긴다.

〈마무리〉

① 활동이 끝난 후 교구를 정리하도록 하고 유아들과 재미있었는지, 어려운 점은 없었는지 평가해 보는 시간을 갖는다.

교구명 1-9-2 시장놀이 빙고게임

활동목표
- 가게에서 파는 물건을 분류할 수 있다.
- 수학적 어휘(한 개, 한 벌, 한 포기 등)를 이해할 수 있다.

수학적 개념 분류

수학적 과정기술 의사소통하기, 연계하기

활동연령 만 4~5세

활동인원 2명

활동영역 수 · 조작 영역

활동자료 이야기 나누기판, 그림자료, 빙고판 2개, 그림카드 18장, 돌림판 1개

제작재료 색 하드보드지, 투명시트지, 색상지, 할핀, 찍찍이, 우드락, 색 시트지, 색 테이프

제작방법

〈이야기 나누기판과 그림자료〉

① 우드락을 A4용지 크기로 2개 자른다.

② 우드락 2개를 접었다 폈다 할 수 있도록 색 시트지로 잘 연결하여 싼다.

③ ②안에 색지로 집모양을 만들어 채소가게, 옷가게, 과일가게라고 써서 붙이고 투명시트지로 싼다(아래 그림참조). 가게 안에 그림자료를 붙일 수 있도록 까슬이를 붙인다.

④ 각 가게에 해당하는 사물들(가지, 배추, 오이, 모자, 치마, 외투, 사과, 포도, 딸기)을 색지를 오려 코팅하고 뒤에 보슬이를 붙여 그림자료를 만든다.

⑤ 가게그림 밑에 그림자료를 붙일 까슬이를 길게 붙인다.

〈빙고판〉

① 색 하드보드지를 38×38cm의 정사각형 2개로 자른다.

② 하드보드지를 9등분하여 색 테이프로 칸을 표시한다.

③ 각 칸에 보슬이를 붙인다.

〈그림카드〉

① 색지로 옷, 과일, 야채 모양을 잘라 각각 2가지 종류씩 만들어 하드보드지 위에 붙인다.

- 옷- 바지, 외투, 모자(보라색 하드보드지)
- 과일- 사과, 포도, 딸기(노랑색 하드보드지)
- 야채- 배추, 고추, 가지(빨강색 하드보드지)

② 각 그림 위에 이름을 붙인 후 투명시트지로 싼다.

③ 그림카드 뒤에 까슬이를 붙인다.

〈돌림판〉

① 동그란 케이크판을 6등분한다.

② 그림카드 색과 같은 색지들의 돌림판을 6등분한 크기로 자르고 같은 색을 2개씩 마주보도록 하여 케이크판에 붙인다.

③ 과일, 야채, 옷을 색지로 잘라 그림카드색과 같은 돌림판 색지 위에 붙이고 이름을 붙인다.

④ 투명시트지로 싼다.

⑤ 하드보드지로 바늘을 만들어 색 시트지로 싼 후 할핀으로 돌림판에 고정하여 돌아가게 한다. 할핀을 꽂은 뒷부분을 하드보드지로 한겹 덧대어 손이 다치는 것을 예방한다.

활동방법

〈도입〉

① 유아와 시장에 갔던 경험을 이야기 나눈다.

② 이야기 나누기판을 보여주며 이야기를 나눈다.

교사 : "여기 이야기 나누기판을 보세요. 어떤 가게들이 있나요?"

유아 : "과일가게요. 옷가게요. 야채가게요."

교사 : "맞아요. 그럼 야채가게에는 무엇이 있는지 아래 붙어있는 것들 중에 찾아서 붙여보세요"

유아 : "가지하고 오이, 무, 고추가 있어요"

〈전개〉

① 유아와 교구를 살펴보면서 게임방법과 규칙에 대해 이야기 나눈다.

② 빙고판 1개와 그림카드 9장을 각자 나누어 갖는다.

③ 순서를 정해 돌림판을 돌린다.

④ 돌림판에 나온 가게 이름을 이야기하고, 관련된 것이 그려진 그림카드를 판에 붙인다.

⑤ 같은 가게의 그림카드 3개가 한 줄(가로, 세로, 대각선)로 나란히 놓이게 되면 먼저 "빙고"라고 외치며 이긴다.

〈마무리〉

① 활동이 끝난 후 교구를 정리하도록 하고 유아들과 재미있었는지, 어려운 점은 없었는지 평가해 보는 시간을 갖는다.

교구명 1-9-3

몸에 좋은 음식과 좋지 않은 음식

활동목표
- 몸에 좋은 음식과 좋지 않은 음식을 안다.
- 몸에 좋은 음식과 좋지 않은 음식을 분류할 수 있다.

수학적 개념 분류

수학적 과정기술 의사소통하기, 연계하기

활동연령 만 4~5세

활동인원 2명

활동영역 수 · 조작 영역

활동자료 게임판, 주사위, 여러 가지 음식카드, 기본판 2개, 바구니, 말

제작재료 하드보드지, 우드락, 투명시트지, 색상지, 코팅지, 지퍼백, 페트병(小), 색 테이프

제작방법

〈게임판〉

① 4절 하드보드지를 절반으로 자른다.

② 4절 색지에 4×4cm의 음식모양 30개를 붙인다.

③ 몸에 좋은 음식과 좋지 않은 음식사진을 찍어 작은 크기로 현상한 후 게임판의 음식모양 색지 안에 골고루 섞어가며 붙인다. 그리고 게임판 위에 투명시트지를 씌운다.

〈음식그림 카드〉

① 몸에 좋은 음식과 몸에 좋지 않은 음식의 실물사진을 찍어 현상하고 코팅한다.

- 몸에 좋은 음식- 파, 양배추, 당근, 마늘, 상추, 오이, 귤, 배 등
- 몸에 좋지 않은 음식- 초코릿, 사탕, 아이스크림, 햄버거, 과자, 콜라 등

〈기본판〉

① 사람모양으로 부직포를 2개 자른다.

② 사람모양의 부직포 2개를 16절지 우드락 2개에 붙인다.

③ ②위에 투명지퍼백을 각각 붙인다.

〈주사위〉

① 페트병을 잘라내고 그 아래에 숫자 0, 1, 2, 3이 쓰인 종이를 붙인다.

② 숫자에 칸을 만들어 말이 숫자에 잘 떨어지도록 한다.

〈말〉

하드보드지로 1.5×1.5cm의 정육면체를 만든 후 색 시트지를 붙인다.

활동방법

〈도입〉

① 여러 가지 음식카드를 보면서 몸에 좋은 음식과 나쁜 음식에 대해 이야기 나눈다.

〈전개〉

② 게임방법과 게임규칙에 대해 이야기 나눈다.

③ 두 명의 유아가 가위바위보로 순서를 정하도록 한다.

④ 이긴 사람이 먼저 주사위를 굴린다.

⑤ 주사위에서 나온 수만큼 말을 이동시킨다.

⑥ 말이 놓인 칸의 그림이 몸에 좋은 음식이면 바구니에서 몸에 좋은 음식카드를 하나 골라 자신의 기본판에 넣는다.

⑦ 두 명 중 한 명의 말이 마지막 지점에 먼저 도착했을 때 몸에 좋은 음식카드를 많이 가지고 있는 사람이 이긴다.

〈마무리〉

① 활동이 끝난 후 교구를 정리하도록 하고 유아들과 재미있었는지, 어려운 점은 없었는지 평가해 보는 시간을 갖는다.

교구명 1-9-4

깨끗한 환경을 만들어요

활동목표 • 분리수거를 통해 주변을 깨끗이 하고 분류의 개념을 익힐 수 있다.

수학적 개념 분류

수학적 과정기술 의사소통하기, 연계하기

활동연령 만 4~5세

활동인원 2명

활동영역 수 · 조작 영역

활동자료 환경배경판, 분리수거 자동차모형, 주사위, 환경자료(쓰레기, 나무, 꽃, 쓰레기통), 환경자료 보관상자

제작재료

〈환경배경판〉

하드보드지 또는 함석판, 자석 또는 찍찍이, 색상지, 가위, 풀, 아세테이트지(아스테이지라고도 함), 색 시트지

〈환경자료(쓰레기, 나무, 꽃, 쓰레기통)〉

펠트지 또는 폼보드, 색상지, 가위, 풀, 아세테이트지 또는 코팅지, 자석 또는 찍찍이, 잡지

〈분리수거 자동차〉

폼보드, 자, 칼, 접착제, 코팅지, 색상지, 풀, 가위

〈주사위〉

하드보드지, 딸랑이, 접착제, 풀, 가위

제작방법

〈환경배경판〉

① 배경판을 제작할 재료(함석판 또는 하드보드지)를 선택하여 반을 접을 수 있도록 제작한다.

② 배경판 하나는 산과 바다를 색상지 또는 펠트지로 꾸미고 , 다른 배경판 하나는 동네를 구성하도록 한다.

〈환경자료(쓰레기, 나무, 꽃, 쓰레기통)〉

① 잡지나 펠트지, 색상지 등의 재료를 선택하여 쓰레기, 나무, 꽃, 쓰레기통 등의 자료를 떼었다 붙였다 할 수 있도록 한다.

② 떼었다 붙였다 할 수 있는 재료는 제작재료에 따라 찍찍이, 자석 등을 코팅하여 붙일 수 있도록 한다.

〈분리수거 자동차〉

① 하드보드지, 폼보드를 이용하여 제작할 분리수거 자동차모형의 도안을 그리도록 한다.

② 완성된 도안에 따라 자동차모형을 제작한다.

③ 병, 캔, 종이, 플라스틱을 분류할 수 있는 칸을 자동차모형에 제작해 만들어넣도록 한다.

④ 자동차모형 안에 쓰레기모형을 붙였다 떼었다 할 수 있도록 자석이나 찍찍이를 붙여놓도록 한다.

〈주사위〉

① 하드보드지를 이용해 주사위상자의 전개도를 만든다.

② 다 그린 전개도를 오려서 붙이고 상자 속에 딸랑이를 넣는다.

③ 주사위에 시트지로 개수를 표시할 수 있는 숫자를 적어 놓는다.

활동방법

〈도입〉

① 산과 바다를 깨끗하고 푸르게 하기 위한 방법에는 무엇이 있는지 이야기 나눈다.

〈전개〉

① 먼저 여러 가지 쓰레기를 붙여놓은 산과 바다가 있는 배경판과 동네배경판을 소개한다.

② 게임방법과 게임규칙에 대해 이야기 나눈다.

③ 두세 명의 유아가 한 팀을 이루도록 하고 한 팀은 산과 바다가 있는 배경판을 갖고 다른 한 팀은 동네배경판을 갖도록 한다.

④ 주사위를 던져서 나온 숫자만큼 배경판의 쓰레기를 떼어 분리자동차에 분류해서 넣고 나무와 꽃, 쓰레기통을 그 자리에 대신 붙이도록 한다.

⑤ 먼저 깨끗한 환경을 구성한 팀이 이긴다.

〈마무리〉

① 활동이 끝난 후 교구를 정리하도록 하고 유아들과 재미있었는지, 어려운 점은 없었는지 평가해 보는 시간을 갖는다.

교구명 1-9-5 우리 집 꾸미기

활동목표
- 집의 구성과 각 방에서 사용하는 사물에 대해 알 수 있다.
- 각 방에 알맞은 사물을 분류할 수 있다.

수학적 개념 분류

수학적 과정기술 의사소통하기, 연계하기

활동연령 만 4~5세

활동인원 1~2명

활동영역 수 · 조작 영역

활동자료 게임판 2개, 주사위, 여러 가지 사물모형, 정리상자

제작재료

〈게임판〉
폼보드, 연두색 융, 미색 접착 펠트지, 주황색 접착 펠트지, 여러 가지 색의 펠트지, 단추, 바늘, 실

〈주사위〉
하드보드지, 노랑 · 검정 머메이드지, 검정색 마스킹테이프

〈여러 가지 사물모형〉
펠트지, 바늘, 실, 솜, 찍찍이

〈정리상자〉
하드보드지, 빨강색 머메이드지, 검정색 마스킹테이프, 풀, 가위, 목공용 접착제, 칼, 글루건

제작방법

〈게임판〉

① 폼보드를 가로 40cm, 세로 35cm로 자른다. 위의 두 모서리는 사선으로 잘라서 지붕모양을 낸다.

② 자른 폼보드의 중간부분을 칼집을 내어 접힐 수 있도록 만든다.

③ 폼보드가 접히는 안쪽을 4부분으로 나눈다. 바닥을 나타낼 3cm부분에는 연두색 융을 이용하여 붙인다. 나머지 공간은 미색의 접착 펠트지를 사용하여 붙여준다.

④ 지붕모양은 노란색 펠트지로 붙여준 후 검정색 펠트지로 교구명을 만들어 붙여준다.

⑤ 4부분의 경계를 검정색 펠트지를 이용하여 구분지어둔다.

⑥ 게임판이 접혔을 때의 겉부분은 주황색 접착 펠트지를 사용해서 전체를 감싸준다.

⑦ 부직포와 펠트지를 이용하여 방, 욕실, 부엌, 거실에 맞는 인테리어를 간단하게 꾸민다.- 책상, 장식장, 식탁, 싱크대, 욕실, 세면대

〈주사위〉

① 하드보드지로 13cm의 정삼각형 조각을 4개 만든다.

② 자른 삼각형 조각을 목공용 접착제를 사용하여 붙인다.

③ 노란색 머메이드지로 삼각형 주사위를 싸준다.

④ 숫자 1, 2, 3과 '꽝' 글씨를 검정색 머메이드지로 만들어붙인다.

⑤ 빨간색 마스킹테이프로 주사위 테두리를 마무리한다.

⑥ 마지막으로 투명시트지를 덧댄다.

〈여러 가지 사물들〉

① 펠트지를 이용하여 각 물건들의 도안을 짠다.

② 꼼꼼하게 바느질(버튼홀스티치, 백스티치, 감치기 등)을 하고 솜을 넣어 마무리한다.

③ 필요한 경우에는 여분의 펠트지를 이용하여 꾸며준다.

④ 완성된 후에 까슬이를 뒤에 붙여 부직포에 접착이 가능하도록 한다.

〈정리상자〉

① 하드보드지를 가로 30cm, 세로 15cm 직사각형으로 자른다. 이에 맞는 옆면을 자른다.

② 목공용 접착제를 사용하여 상자모양으로 붙인다.

③ 붙인 상자에 빨강색 머메이드지를 붙인다.

④ 모서리 부분은 검정색 마스킹테이프로 마무리를 한다.

활동방법

〈도입〉

① 집모양의 게임판을 유아들에게 보여주면서 이 안에 무엇이 들어가야 할지 이야기 나눈다.

교사 : "여기 집모양의 판이 있어요. 4칸으로 되어 있는데 무엇이 있나요?"

유아 : "방하고 부엌이요"

유아 : "거실도 있고 목욕탕도 있어요"

교사 : "그래 그런데 그 안에 물건들이 없네요. 무엇이 있으면 좋을까?"

유아 : "방에는 침대가 있으면 좋겠어요"

유아 : "방에 컴퓨터도 있으면 좋겠어요. 오빠방에 컴퓨터가 있거든요"

유아 : "거실에는 소파요"

〈전개〉

① 게임에 쓰일 여러 가지 사물모형을 보여주면서 무엇인지 어느 곳에 있으면 어울릴지 유아들과 이야기 나누고 집모양의 게임판에 붙여보도록 한다.

② 게임방법과 게임규칙에 대해 이야기 나눈다.

③ 가위, 바위, 보를 해서 이긴 사람이 주사위를 먼저 던진다.

④ 주사위를 던져서 나온 수만큼 물건을 골라 게임판에서 물건이 사용되는 방에 붙인다.

⑤ 물건을 모두 다 붙이면 게임이 끝난다.

〈마무리〉

① 활동이 끝난 후 교구를 정리하도록 하고 유아들과 재미있었는지, 어려운 점은 없었는지 평가해 보는 시간을 갖는다.

시간

교구명 1-10-1

나의 하루일과

활동목표
- 하루일과를 통해 시간의 흐름과 일과의 순서를 알 수 있다.
- 하루일과와 시계를 보면서 시의 개념을 알 수 있다.

수학적 개념 시간(시간의 흐름, 사건의 순서, 시의 개념)

수학적 과정기술 추론하기, 의사소통하기, 연계하기

활동연령 만 5세

활동인원 1~2명

활동영역 수 · 조작 영역

활동자료 동화책 『샘이에게 시계가 생겼어요』, 나의 하루일과 게임판, 돌림판, 시계, 남 · 여 말

제작재료 우드락, 하드보드지, 색 테이프, 색지, 투명시트지, 색 시트지, 가위, 풀, 컴퍼스, 열선, 칼, 양면테이프, 글루건, 글루건심, 색연필, 파스텔, 펀치, 자, 나무원목, 할핀, 재활용통

제작방법

〈동화책 『샘이에게 시계가 생겼어요』〉

① 흰 색지에 연필로 각 동화장면의 밑그림을 그린 후 색연필로 색칠한다.

② 바탕은 파스텔로 색칠한다.

③ 그림 위에 각 장면의 동화내용을 컴퓨터로 쳐서 붙인다.

④ 하드보드지 위에 각 그림을 붙이고 투명시트지로 싼 후 검정색 테이프를 두른다.

〈 나의 하루일과 게임판 〉

• 나의 하루일과 장면

① 우드락에 들어갈 적당한 크기로 흰 도화지 10장를 잘라 그 위에 하루일과 장면 10개에 대한 밑그림을 그린다.

② 밑그림을 색연필로 칠하고 바탕은 파스텔로 칠한다.

③ 각 장면의 내용글을 컴퓨터로 쳐서 오려 그림 위에 붙인다.

④ 하드보드지 위에 그림 10장을 붙이고 투명시트지로 싼 후 우드락 위의 가장자리에 순서대로 붙인다. 빨간색 테이프로 각 장면을 둘러 구분할 수 있도록 한다(사진참조).

• 시계

① 하드보드지를 둥글게 자른 후에 색지를 붙이고 숫자(1~12까지)를 검정시트지로 만들어 붙인 후에 화살표를 긴 것 1개, 작은 것 1개 만들어 완성한다.

• 돌림판

① 하드보드지를 둥글게 자르고, 8등분으로 나누어 '1, 2, 3, 4, 한 번 더, 한 칸 앞으로, 한 칸 뒤로, 다음 기회에' 를 써넣은 다음에 화살표를 만들어 완성한다.

• 게임판

① 우드락에 나의 하루일과 장면, 시계, 돌림판을 함께 글루건을 이용해 붙인 후 완성한다.

〈말과 말통〉

① 우선 말은 남, 여를 색지로 만든 후에 코팅을 하고, 뒤에 우드락을 붙여서 밑에 나무원목으로 받쳐서 완성한다.

② 말통은 원모양의 통을 색지로 싼 후에 만들어 완성한다.

활동방법

〈도입〉

① 유아들에게 동화를 들려준 후 시계를 보면서 시계에 무엇이 있는지 그 용도는 어떠한지 이야기해 본다.

② 동화의 각 장면을 보면서 몇 시에 무슨 일을 하는지 살펴본다. 동화의 장면과 함께 시계바늘을 돌려보면서 1~12시까지 하루에 두 바퀴 도는 것임을 안다.

③ 유아들과 하루 중 가장 즐거운 시간에 대해 이야기하거나 동화에 나오는 시간에 유아들은 무엇을 하는지 이야기 나눈다.

〈전개〉

① 유아들에게 나의 하루일과 게임판을 소개하고 게임방법과 규칙에 대해 이야기 나눈다.

② 유아 두 명이 돌림판을 돌려서 큰 숫자가 나온 사람이 먼저 남 · 여 말 중에서 한 명을 선택한 후 게임을 시작한다.

③ 이긴 유아가 돌림판을 돌려서 나온 수만큼 출발선에서 움직인다.

④ 말을 움직인 칸에 써있는 글자대로 시계를 맞춰본다.
("7시야! 일어나야지" 하면 시계를 맞춰본다)

⑤ 만약에 유아가 못 맞췄을 경우에는 전에 있었던 자리로 되돌아간다.

⑥ 그런 후에 다음 유아가 순서를 진행한다.

⑦ 먼저 출발점으로 돌아오는 유아가 이긴다.

〈마무리〉

① 게임을 끝낸 후 교구를 정리하도록 하고 활동이 재미있었는지, 어려운 점은 없었는지 평가해 보는 시간을 갖는다.

교구명 1-10-2 날짜판 수 놀이

활동목표 · 월, 주, 요일, 날짜의 개념을 익힐 수 있다.

수학적 개념 시간(월, 주, 요일, 날짜)

수학적 과정기술 의사소통하기, 연계하기

활동연령 만 5세

활동인원 2명

활동영역 수 · 조작 영역

활동자료 올해 달력, 돌림판, 주사위, 날짜카드

제작재료 색우드락, 하드보드지, 색 테이프, 색지, 투명시트지, 부직포, 가위, 풀, 뿅뿅이 20개, 함석판, 자석 또는 고무자석, 철사

제작방법

〈날짜판과 날짜카드〉

① 하드보드지에 함석판을 붙이고 위 쪽에 년, 월을 색지로 만들어 코팅하여 붙이고 날짜카드가 들어올 부분 위에 요일을, 세로 부분에는 주를 표시하도록 한다.

② 날짜카드가 들어올 부분 밑판에 색지를 붙이고 35개의 정사각형 칸을 만들어 안에 주황, 빨강 동그라미를 두 개 또는 하나씩 붙여준다(아래 그림참조).

③ 투명시트지로 바탕을 싼다.

④ 월 또는 주를 표시하는 숫자카드를 코팅한다.

⑤ 하드보드지 밑에 주머니를 만들어 월을 나타내는 숫자카드와 주를 표시하는 숫자

카드를 넣을 수 있도록 한다.

⑥ 날짜카드는 날짜판에 있는 35개의 정사각형 칸에 맞게 색우드락을 잘라 1~31까지 숫자를 붙이고 나머지는 그대로 사용한다. 날짜카드 뒤에 자석 또는 고무자석을 붙인다.

〈돌림판〉

① 하드보드지를 7각형 형태의 상자로 만들어 색지로 월화수목금토일을 표시하고 투명시트지로 붙인 후 노란색 테이프로 테두리를 두른다.

② ①을 지탱할 수 있도록 지지대를 만들어 색지를 붙이고 테두리에 노란색 테이프를 두른다.

③ ① 가운데를 뚫어 철사를 넣고 ②의 지지대에도 구멍을 뚫어 철사가 통과하도록 하고 철사의 가장자리를 우드락으로 손잡이를 만들어 붙인다.

④ 지지대에 화살표시를 하여 철사손잡이를 돌리다가 멈춘 자리를 표시할 수 있도록 한다(맨 앞 사진참조).

〈주사위〉

① 하드보드지를 정육면체로 오려 주사위를 만든 후 색지를 붙이고 그 위에 1~5주까지 붙인다. 나머지는 꽝을 붙인다.

② 투명시트지로 겉을 싼다.

활동방법

〈도입〉

① 유아들에게 달력을 보여주며 달력에 있는 것을 살펴보고 무엇을 의미하는지 이야

기 나눈다.

② 요일과 주, 달에 대해 이야기 나눈다.

교사 : (달력을 보여주며) "오늘이 몇 월 며칠인지 아는 친구 있어요?"

유아 : "5월 9일이요."

교사 : "그래요. 5월 9일이예요. 그럼 무슨 요일인지 알고 있니?"

유아 : (달력의 날짜를 손가락으로 가리킨 후 요일이 씌어있는 위쪽을 올려보면서 요일을 확인한다.) "금요일이예요."

교사 : "그래요. 금요일이 맞아요. 요일 중에 금요일말고도 다른 요일이 있는데 무슨 요일이 있을까요?"

유아 : "월, 화, 수, 목, 금, 토, 일 모두 7개요."

교사 : "맞아요. 이렇게 7가지 요일을 일주일이라고 하고 한 주라고도 해요. 그럼 일주일이 이 달에는 몇 번 있나 볼까요?"

유아 : "5주까지 있어요."

교사 : "맞아요. 5월에는 5주까지 있어요."

③ 각 달에 생일이 있는 유아들의 생일 날짜와 요일, 주를 살펴본다.

④ 각 달에 있는 특별한 날의 날짜, 요일, 주를 살펴본다.

〈전개〉

① 유아들에게 교구를 소개하고 게임방법과 규칙에 대해 이야기 나눈다.

② 유아 두 명이 가위, 바위, 보를 하여 이긴 유아가 1~31일까지 날짜판에 날짜카드를 붙인다. 이때 날짜 1일을 1주에 붙이되 요일은 임의로 정할 수 있다.

③ 주사위와 돌림판을 동시에 굴려서 주와 요일이 정해지면 교차되는 지점의 날짜카드를 떼어내어 그 밑에 있는 동그라미 수만큼 뿅뿅이를 가져간다. 이때 노란색이 나오면 상대방의 뿅뿅이를 뺏어오고 빨간색이 나오면 그릇 안에 있는 뿅뿅이를 동그라미 수만큼 가져간다.

④ 20개의 뿅뿅이가 다 없어지면 뿅뿅이를 많이 가진 유아가 이긴다.

〈마무리〉

① 게임을 끝낸 후 교구를 정리하도록 하고 활동이 재미있었는지, 어려운 점은 없었는지 평가해 보는 시간을 갖는다.

교구명 1-10-3 신나는 사계절 여행

활동목표
- 봄, 여름, 가을, 겨울의 계절을 구별하고 그 특징을 알 수 있다.
- 시간이 지남에 따라 계절이 변화함을 알 수 있다.

수학적 개념 시간(계절의 흐름 알기)

수학적 과정기술 추론하기, 의사소통하기, 연계하기

활동연령 만 5세

활동인원 2~4명

활동영역 수·조작 영역

활동자료 놀이판, 주사위, 계절카드 6장, 말, 개인판

제작재료 색 하드보드지, 우드락, 색지, 펠트지, 가위, 칼, 풀, 양면테이프, 접착아세테이트지, 색 테이프, 찍찍이, 스펀지, 상자, 글루건

제작방법

〈놀이판〉

① 색 하드보드지와 우드락을 반으로 잘라 접었다 폈다 할 수 있게 연결한다.

② 사계절사진을 판 중앙에 붙인다(위 사진참조).

③ 칸을 나누고 중간중간 카드를 뽑을 수 있는 곳을 정한다.

④ 접착아세테이트지를 붙인다.

⑤ 끝을 색 테이프로 마무리한다.

〈주사위〉

① 10×10으로 펠트지와 하드보드지를 6장 자르고 하드보드지를 글루건으로 연결하여 정육면체 상자를 만든 후 펠트지를 그 위에 붙인다.

② 검은색 펠트지로 1~5 숫자모양과 ×표시를 자른 후 정육면체의 각 면에 붙인다.

〈계절별 카드〉

① 각 계절별로 계절의 특징이 담긴 이미지를 출력한다.

② 10×7로 하드보드지, 색지를 자른다.

③ 앞면에는 이미지사진을, 뒷면에는 색지를 붙인다.

④ 각 계절색을 임의로 정해 뒷면에 붙여 분류하기 쉽게 한다.

⑤ 뒷면에 까슬이를 붙인다.

⑥ 노란색 접착테이프로 끝을 마무리한다.

〈개인판〉

① 10×28로 하드보드지와 색지를 자른다.

② 하드보드지를 봄, 여름, 가을, 겨울의 4칸으로 나눈다.

③ 접착아세테이트지를 붙인다.

④ 검정색 테이프로 끝마무리를 한다.

⑤ 이미지카드를 붙일 수 있게 보슬이를 붙인다.

활동방법

〈도입〉

① 우리나라의 계절에는 무엇이 있는지 이야기해 본다.

② 계절그림 카드를 보면서 우리나라의 사계절 특징에 대해 이야기해 본다.

교사 : "오늘은 우리나라의 계절에 대해 이야기해 볼 거예요. 우리나라에는 무슨 계절이 있지요?"

유아 : "봄, 여름, 가을, 겨울이요."

교사 : "그래요. 우리 친구들 모두 잘 말해 주었어요. 그러면 봄, 여름, 가을, 겨울 하면 떠오르는 것은 무엇이 있는지 이야기해 볼까요? 먼저 봄하면 무엇이 떠오르나요?"

유아들 : "개나리요. 진달래요. 새싹이요"

〈전개〉

① 유아들에게 교구를 소개하고 게임방법과 규칙에 대해 이야기 나눈다.

② 가위, 바위, 보로 순서를 정한다.
③ 말을 정하고 봄을 시작점으로 하여 주사위를 던져나온 수만큼 움직인다.
④ 카드를 뽑는 칸에 걸리면 그 계절에 해당하는 카드를 뽑고 개인판에 붙인다.
⑤ 사계절 이미지카드를 제일 먼저 다 붙인 사람이 이긴다.

〈마무리〉

① 게임을 끝낸 후 교구를 정리하도록 하고 활동이 재미있었는지, 어려운 점은 없었는지 평가해 보는 시간을 갖는다.

일대일 대응
- 같은 냄새 찾기

수세기
- 여러 가지 꽃잎의 수세기
- 과일 속의 알맹이 수세기
- 과일 속의 씨 수세기

순서 짓기
- 여러 가지 돌을 크기순으로 나열하기
- 여러 가지 나뭇잎을 크기순으로 나열하기

측정
- 강수량 측정하기
- 어떤 과일 속에 물이 가장 많이 들어있을까?
- 과일의 무게 재기
- 콩나물 기르고 길이 측정하기
- 해가 뜨고 지는 시간의 경과에 따른 그림자의 길이변화 재기
- 온도계로 온도 재기

규칙성(패턴)
- 여러 가지 소리패턴 만들기

분류

〈여러 가지 자연물 분류하기〉
- 여러 가지 꽃잎을 같은 색깔로 분류하기
- 여러 가지 나뭇잎을 같은 색깔끼리 분류하기
- 여러 가지 나뭇잎을 같은 모양끼리 분류하기
- 여러 가지 돌을 같은 색깔끼리 분류하기
- 여러 가지 돌을 같은 모양끼리 분류하기

〈여러 가지 물체 분류하기〉
- 자석에 붙는 것과 붙지 않는 것 분류하기
- 물에 뜨거나 가라앉는 것 분류하기

〈여러 감각 사용하여 분류하기〉
- 여러 가지 소리 분류하기
- 여러 가지 맛 분류하기
- 차가운 것과 따뜻한 것 분류하기

자료분석(그래프)
- 내가 좋아하는 꽃 색깔 그래프
- 내가 좋아하는 나뭇잎 그래프
- 내가 좋아하는 과일그래프
- 햇빛을 가리고 키운 콩나물과 햇빛에 키운 콩나물 비교 그래프

일대일 대응

활동명 2-1-1 같은 냄새 찾기

활동목표
- 여러 가지 냄새를 구분할 줄 안다.
- 감각기관(코)의 기능을 안다.
- 같은 냄새를 찾아 대응시킬 줄 안다.

수학적 개념 일대일대응

수학적 과정기술 의사소통하기, 연계하기, 표상하기

활동연령 만 3~5세

활동영역 과학

활동자료 냄새통 각 2개씩(된장, 식초, 간장, 후추, 참기름, 향수), 그림(사진)카드 또는 작은 용기에 담아 놓은 실물, 냄새통 보관용기

제작방법

〈냄새통〉

- 준비물 : 빈 요구르트통, 칼라시트지, 송곳, 스타킹 또는 망사, 솜뭉치, 된장, 식초, 후추, 참기름, 향수 등
- 제작방법

① 요구르트통을 시트지로 꾸민다.

② 액체는 솜뭉치에 적셔 통 안에 넣고 고체는 그대로 넣는다.

③ 엎질러지는 것을 방지하기 위해 통입구쪽에 스타킹이나 망사를 붙인다.

④ 사용하지 않을 때는 투명한 비닐이나 뚜껑을 덮어서 상자나 쟁반에 놓아둔다.

활동방법

① 인체의 코가 하는 일(공기통로, 냄새 맡는 일)이 무엇인지 유아들과 이야기해 본다.

② 냄새통의 냄새를 맡아본다.

③ 같은 냄새가 나는 냄새통과 그림(사진)카드 또는 작은 용기에 담긴 실물을 짝지어 보고 무슨 냄새인지 이야기해 본다.

④ 같은 냄새가 나는 냄새통끼리 짝지어 본다. 같은 짝이 맞는지 요구르트병 밑에 붙여놓은 실물의 명칭을 확인해 본다.

수세기

활동명 2-2-1 여러 가지 꽃잎의 수세기

활동목표
- 여러 가지 꽃잎의 수를 셀 줄 안다.
- 여러 가지 꽃의 이름과 꽃의 향기, 색깔, 모양, 꽃의 내부, 꽃이 피는 시기 등에 대해 안다.

수학적 개념 수세기, 서열화, 일대일 대응

수학적 과정기술 의사소통하기, 연계하기, 표상하기

활동연령 만 3-5세

활동영역 과학

활동자료 여러 가지 꽃, 여러 가지 꽃 사진 및 설명자료, 여러 가지 꽃 카드(꽃 사진과 꽃 명이 적힌 카드), 끼우기 블록

활동방법

① 유아 주변에서 볼 수 있는 꽃 또는 좋아하는 꽃에 대해 이야기 나눈다.

② 유아들이 주변에서 볼 수 있는 여러 가지 꽃들의 색, 모양, 향기, 꽃잎의 수, 꽃의 내부구조(암술, 수술, 씨방 등)를 탐색해 보도록 한다.

③ 탐색한 내용을 기록한다.

〈꽃을 탐색한 후 탐색내용을 기록하고 있는 유아〉

④ 여러 가지 꽃들의 꽃잎 수를 세어보고 끼우기 블록을 그 수만큼 끼운 후 꽃잎의 수가 작은 것부터 큰 것으로 끼우기 블록을 배열하고 꽃 사진과 꽃 명이 적힌 카드와 짝지어본다.

〈꽃잎 수만큼 블록을 끼우고 다른 유아와 비교해 보고 있는 유아〉

활동명 2-2-2

과일 속 알맹이 수세기

활동목표 • 과일 속 알맹이의 수를 셀 수 있다.

수학적 개념 수세기

수학적 과정기술 의사소통하기, 연계하기, 표상하기

활동연령 만 3~5세

활동영역 과학

활동자료 귤, 오렌지, 레몬, 쟁반, 과일 알맹이를 담을 용기

활동방법

① 귤, 오렌지, 레몬의 색깔, 냄새, 촉감 등을 탐색해 본다.
② 과일들의 껍질을 벗기기 전에 그 안에 들어 있는 알맹이의 수를 예측해 본다.
③ 각각의 과일 속에 든 알맹이의 수를 확인하고 비교해 본다.
④ 각 과일의 알맹이들을 먹고 맛에 대해 이야기를 나눈다.

활동명 2-2-3 과일 속의 씨 수세기

활동목표 • 과일 속의 씨를 셀 수 있다.

수학적 개념 수세기, 수량비교, 수 연산

수학적 과정기술 의사소통하기, 연계하기, 표상하기

활동연령 만 3~5세

활동영역 과학

활동자료 여러 가지 제철 과일(사과, 자두, 살구, 오렌지, 참외 등), 칼, 과일 및 씨를 담을 용기, 쟁반, 활동지, 필기구(연필, 색연필, 사인펜), 투명테이프

활동방법

① 각 과일의 겉을 탐색한 후 과일 속 씨의 수를 예측해 본다.

② 과일을 자르고 과일 속의 색깔, 모양, 촉감, 냄새, 맛 등을 탐색하고 비교해 본다.

③ 각 과일을 먹은 후 나온 씨의 색깔, 촉감 등을 탐색하고 비교해 본다.

④ 각각의 과일 속에 든 씨의 수를 세고 비교해 본다.

⑤ 활동지에 각 과일들의 씨를 붙이고 씨의 수, 색깔, 모양에 대해 관찰지에 기록한다.

과일이름	씨	씨의 수	씨의 색깔	씨의 모양
사과				
자두				
살구				
오렌지				
참외				

⑥ 활동지를 보고 씨의 수가 가장 많은 것과 가장 적은 것, 씨의 수가 같은 것 등을 찾아본다. '씨의 수가 ~보다 많다. 또는 씨의 수가 ~보다 적다' 등의 비교어휘를 사용하거나 '씨의 수가 ~보다 ~가 ~만큼 적다 또는 많다' 등과 같이 간단한 연산을 해보도록 한다.

순서 짓기

활동명 2-3-1 여러 가지 돌을 크기순으로 나열하기

활동목표 • 여러 가지 돌을 크기순으로 나열할 수 있다.

수학적 개념 서열화, 일대일 대응

수학적 과정기술 의사소통하기, 연계하기, 표상하기

활동연령 만 3~5세

활동영역 과학

활동자료 여러 가지 돌, 비닐봉지, 크기순서 판

제작재료

〈크기순서판〉

• 준비물: 색지, 풀, 가위, 코팅지, 하드보드지, 투명시트지

제작방법

① 검은 색지 위에 여러 가지 돌을 놓고 모양을 그린 후 오린다.

② 오린 돌모양 색지를 네모모양의 색지 위에 놓고 크기순으로 붙인다.

③ ②를 코팅하거나 하드보드지에 붙인 후 투명시트지로 싼다.

활동방법

① 바깥 산책 시 주변에서 볼 수 있는 여러 가지 돌들을 주워 교실로 가지고 온다.

② 여러 가지 돌의 색깔, 모양, 촉감 등을 탐색해 본다 .

③ 여러 가지 돌을 크기순으로 나열해 본다.

유아 : "돌멩이가 서로 비슷해서 어떻게 순서대로 놓아야 할지 모르겠어요."

유아 : "아니예요. 조금 달라요."

유아 : "맞아요. 조금 뾰족하고 길어서 더 길어 보여요."

유아 : "나란히 놓았더니 길어졌어요."

유아 : "작은 것부터 순서대로 가면 커져요."

〈돌을 크기순으로 나열해 보고 있는 유아들〉

④ 크기순서 판을 과학영역에 놓고 유아들이 여러 가지 돌을 순서대로 배열해 보도록 한다.

활동명 2-3-2 여러 가지 나뭇잎을 크기순으로 나열하기

활동목표
- 여러 가지 나뭇잎을 크기순으로 나열할 수 있다.
- 여러 가지 나무의 종류와 나뭇잎에 대해 안다.

수학적 개념 순서 짓기

수학적 과정기술 의사소통하기, 연계하기, 표상하기

활동연령 만 3~5세

활동영역 과학

활동자료 여러 가지 나뭇잎, 여러 가지 나무사진 및 설명자료, 종이, 테이프

활동방법

① 유아 주변에서 볼 수 있는 나무 또는 좋아하는 나무에 대해 이야기 나눈다.

② 준비한 여러 가지 나무와 나뭇잎 사진, 나무 명 등에 대한 설명자료를 가지고 이야기를 나눈다.

③ 유아들이 여러 가지 나뭇잎들의 색, 나뭇잎 무늬, 나뭇잎의 모양 등을 탐색해 보도록 한다.

④ 종이 위에 여러 가지 나뭇잎을 크기순으로 나열하고 테이프로 고정시킨 후 그 밑에 나뭇잎 명을 써본다.

교사 : "이번에는 나뭇잎들을 크기가 큰 것부터 또는 작은 것부터 순서대로 놓아보세요."

유아 : "네."

교사 : "어떻게 놓았나요?"

유아 : "우선 크면서 길쭉한 걸로 나눴고요. 그리고 제일 작은 것을 맨 뒤에 놨어요."

유아 : "우리는 작은 것부터 큰 것으로 순서대로 놓았어요."

〈크기가 큰 것에서 작은 것, 작은 것에서 큰 것으로 순서대로 나열해 놓은 나뭇잎들〉

측정

활동명 2-4-1 강수량 측정하기

활동목표
- 비가 어떻게 내리는지 알아본다.
- 비가 오는 양을 측정할 수 있다.

수학적 개념 측정, 통계

수학적 과정기술 추론, 의사소통하기, 연계하기, 표상하기

활동연령 만 4~5세

활동영역 과학

활동자료 종이, 필기구(연필, 색연필, 사인펜), 비가 오는 원리 설명판, 투명주전자, 물, 주전자 뚜껑 또는 투명아크릴판, 강수량 측정통

제작재료

〈비가 오는 원리 설명판〉

하드보드지, 고리링 2개, 색지, 색연필, 유성매직, 가위, 풀, 코팅지 등

〈강수량 측정통〉

반으로 자른 투명페트병(1~1.5L), 색 테이프

제작방법

〈비가 오는 원리 설명판〉

① 비가 오는 원리를 그림과 간단한 설명으로 여러 장 만든다.

- 날씨가 더워지면 땅이나 강, 바다에 있는 물이 수증기가 되어 하늘로 올라갑니다.
- 하늘로 올라간 수증기는 아주 아주 작은 물방울이 되고 이 물방울들이 모여 구름이 됩니다.
- 날씨가 더욱 더워지면 하늘로 올라가는 수증기의 양도 많아져서 구름이 무거워집니다.
- 구름이 무거워져서 더 이상 물방울을 모으지 못하면 그 물방울들이 비가 되어 내리게 됩니다.

② 각 장을 코팅한다.

③ 하드보드지를 이용하여 삼각대를 만들고 펀치를 사용하여 삼각대에 구멍을 2~3개 뚫고 고리링을 삼각대에 연결한다. 각 장을 펀치로 뚫고 고리링에 건다.

〈강수량 측정통〉

① 투명페트병을 반으로 자른 후 색 테이프로 윗부분을 두른다. 색 테이프나 유성매직을 사용하여 아래 기둥부분에 같은 간격으로 표시를 해둔다.

활동방법

① 유아들과 '비가 어떻게 내리는 것일까?'에 대해 이야기 나눈다.

유아1 : "하늘이 컴컴해져서 천둥이 치면 비가 내려요."

유아2 : "바람이 불어도 비가 내려요."

유아3 : "비가 많이 와서 길이 엉망되는 거 TV에서 봤어요."

② 종이 위에 '비가 어떻게 내리는 것일까?'에 대한 유아들의 생각을 그림으로 표현해 보고 이야기 나눈다.

③ 비가 오는 원리에 대해 그림을 보면서 이야기 나눈다.

③ 비가 얼마만큼 오는지 알아볼 수 있는 방법에 대해 이야기 나눈다.

④ 빗방울을 담고 측정할 수 있는 통을 만든 후 유아들과 비가 오는 날에 비의 양을 측정해 보도록 한다. 비가 자주 오는 달에 4주 정도 측정을 한 후 그래프로 만들어 비의 양을 비교해 본다.

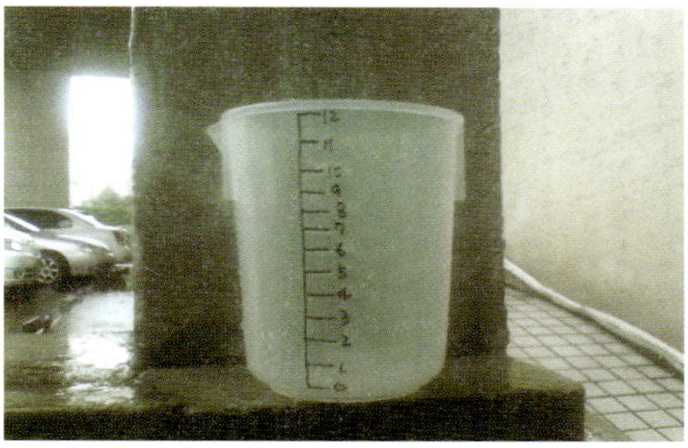

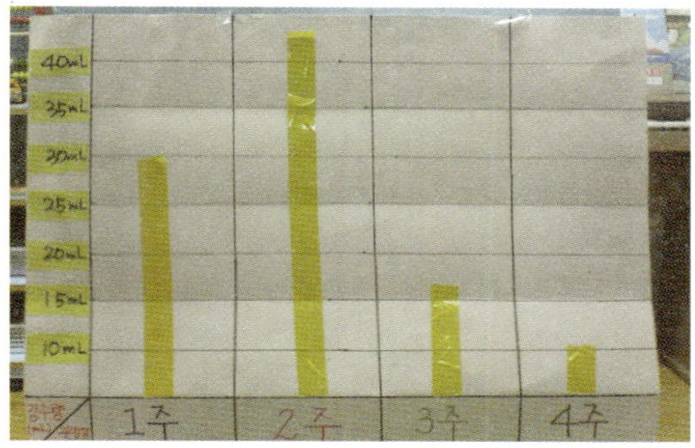

선생님 : "왜? 비의 양이 다 다를까?"

유아1 : "비가 많이 내리는 날이 있었고, 조금 내리는 날도 있었잖아요."

유아2 : "우리 엄마가 장마랬어요."

유아3 : "맞아요. 장마에는 비가 많이 내려요."

활동명 2-4-2 어떤 과일 속에 물이 가장 많이 들어있을까?

〈여러 가지 과일즙의 양 측정하기〉

활동목표
- 어떤 과일 속의 물이 가장 많이 들어 있는지 측정도구를 사용하여 알아본다.
- 과일 속에 물이 들어 있음을 안다.

수학적 개념 측정

수학적 과정기술 추론, 의사소통하기, 연계하기, 표상하기

활동연령 만 3~5세

활동영역 과학

활동자료 여러 가지 과일, 믹서기 또는 강판(유아들이 정한 도구 택일), 가제수건 여러 장, 대접 여러 개, 비커 또는 계량컵 여러 개, 쟁반, 케이크 칼, 과일 칼, 도마, 플라스틱접시, 양팔저울, 측정추

활동방법

① 어떤 과일 속에 물이 가장 많이 들어 있을지 이야기 나눈다.
② 어떤 과일 속에 물이 가장 많이 들어 있는지 알아보기 위한 방법에 대해 이야기 나눈다.
③ 실험의 공평성을 위해 각 팀별로 과일을 어떻게 나눌지 이야기 나눈다.
④ 각 조에서 정해진 과일의 무게를 양팔저울을 이용해 잰다.
⑤ 과일들을 강판 또는 믹서기에 갈아 수건으로 짠 후 계량컵을 이용해 즙의 양을 잰다.

⑥ 각 과일 즙의 양을 비교해 보고 어떤 과일 속의 물이 가장 많은지 알아본다.

활동명 2-4-3 과일의 무게 재기

활동목표 • 여러 가지 측정도구와 단위를 사용하여 과일의 무게를 재어본다.

수학적 개념 측정

수학적 과정기술 의사소통하기, 연계하기, 표상하기

활동연령 만 3~5세

활동영역 과학

활동자료 여러 가지 과일, 양팔저울, 저울추, 눈금저울, 여러 가지 측정을 할 수 있는 물건들(블록, 구슬, 적목 등)

활동방법

① 여러 가지 과일의 무게를 예측해 보고 양손을 사용하여 단순히 어림잡아 본다. 이때 '~가 ~보다 더 무거울 것이다. ~가 ~보다 더 가벼울 것이다'와 같이 비교어휘를 사용하여 예측해 본다.

② 양팔저울과 여러 가지 과일을 준비해 주고 충분히 탐색할 시간을 준다.

③ 저울의 한쪽에는 과일, 다른 쪽에는 여러 가지 비표준화된 측정단위들(블록, 구슬, 적목 등 유아들이 주변에서 구할 수 있는 물건들)을 유아들이 선택하여 자유롭게 과일의 무게를 재어보도록 한다.

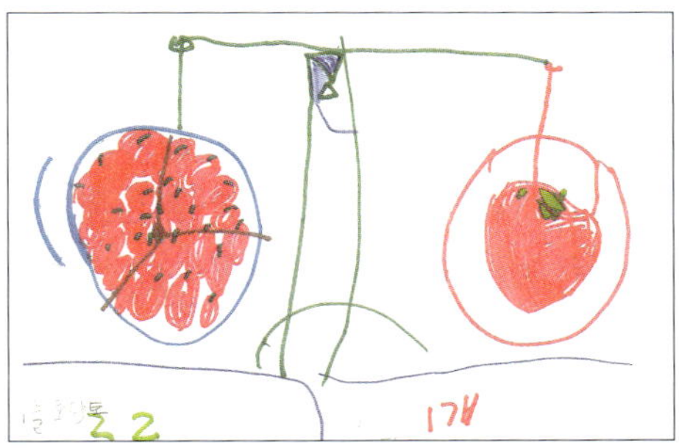

④ 비표준화된 측정단위들 중에서 공평하게 양을 잴 수 있는 한 가지 물체를 선정하여 여러 가지 과일의 무게를 비교하도록 하고 종이에 기록해 보도록 한다.

측정단위 과일	끼우기 블록	구슬
참외		
토마토		
귤		
사과		

⑤ 양팔저울과 실제 수치가 적혀 있는 무게추를 사용하여 과일의 무게를 재본다.
⑥ 눈금저울을 사용하여 과일의 무게를 정확히 재어본다.

활동명 2-4-4

콩나물 기르고 길이 측정하기

활동목표
- 콩나물의 길이를 측정한다.
- 콩나물의 성장에 무엇이 필요한지 안다.
- 콩나물의 성장과정을 관찰하고 기록한다.

수학적 개념 측정

수학적 과정기술 의사소통하기, 연계하기, 표상하기

활동연령 만 4~5세

활동영역 과학

활동자료 콩나물 콩, 구멍 뚫린 통, 구멍 뚫린 통을 받쳐놓을 삼발이 또는 막대 두 개(물받이대 길이보다 긴 것), 구멍 뚫린 통보다 큰 물받이대, 물뿌리개, 검은 헝겊

〈콩나물 기르는 방법〉

① 콩의 불순물을 제거하고 물로 씻는다.

② 콩을 원래 중량 2배 정도의 물에 담근다(물의 온도: 20~25℃, 시간: 4~6시간).

③ 불린 콩을 시루나 구멍이 뚫린 통에 담아서 검은 헝겊을 씌우고 어둡고 습한 곳에 둔다.

④ 5~6시간 간격으로, 또는 하루에 4~5회 정도 물을 준다.

활동방법

① 유아들과 콩나물을 기르려면 무엇이 필요한지 이야기 나눈다.

② 콩나물 콩을 시루나 구멍이 뚫린 통에 가지런히 잘 담는다. 이 통을 받힐 삼발이나 나무막대를 준비하여 구멍 뚫린 통보다 큰 물받이대 위에 올려 놓는다. 이 위에 콩나물 콩이 담긴 시루나 구멍 뚫린 통을 올려 놓는다.

③ 매일 돌아가면서 유아들에게 물을 주도록 하고 얼마만큼 자랐는지 길이를 재고 콩나물의 성장과정을 기록하도록 한다.

④ 콩나물을 기르고 관찰하면서 발견한 것과 궁금한 것들을 친구들과 이야기 나누도록 하고, 유아들이 관찰기록한 것은 책으로 묶어서 관찰영역, 또는 과학영역에 놔두고 볼 수 있도록 한다.

⑤ 콩나물이 머리에서 뿌리까지 17~18cm 정도의 먹을 만한 크기로 자라면 꺼내어 깨끗이 씻어 요리활동에 사용하도록 한다.

활동명 2-4-5 해가 뜨고 지는 시간의 경과에 따른 그림자의 길이변화 재기

활동목표
- 해가 뜨고 지는 시간의 경과에 따른 그림자의 형태변화를 안다 .
- 그림자의 길이를 측정할 줄 안다.

수학적 개념 측정

수학적 과정기술 문제해결하기, 추론, 의사소통하기, 연계하기, 표상하기

활동연령 만 4~5세

활동영역 과학

활동자료 분필, 끼우기 블록, 리본이나 끈, 줄자, 시계, 사진기, 관찰지, 클립보드, 필기구(연필, 색연필, 사인펜)

활동방법

① 유아들과 그림자는 어떻게 생기며 그림자의 형태는 어떻게 변화하는지 이야기 나눈다.

유아 : “해가 뜨면 그림자가 검은 색으로 생겨요.”

유아 : “근데 왜 그림자는 검은 색이지?”

유아 : “그림자는요. 밤에는 안 생겨요.”

유아 : “그거야, 다 컴컴해지니까, 그림자 색이랑 밤이랑 다 검은색이잖아”

② 햇님표시가 되어 있는 종이 위에 유아들이 자신의 그림자를 그려보도록 한다. 자신이 그린 그림자 그림에 대해 친구들과 이야기 나눈다.

③ 바깥에 직접 나가서 자신의 그림자와 친구들의 그림자를 확인해 본다. 햇님의 위치와 유아들의 그림자를 여러 각도에서 사진으로 찍어놓는다. 사진을 보고 유아들이 그린 그림자와 실제 그림자의 차이에 대해 이야기해 본다.

④ 시간이 지남에 따라 그림자의 형태와 길이, 방향이 어떻게 달라질지 이야기 나누고 그 이유에 대해 토론해 본다.

⑤ 그림자의 형태와 길이, 방향의 변화를 알아보기 위해 바깥놀이터에서 유아가 서 있는 위치는 어떻게 표시할지, 몇 시마다 밖으로 나가 그림자의 변화를 관찰할지 정하도록 한다.

⑥ 시간이 경과할 때마다 달라지는 그림자의 길이를 어떻게 재는 것이 좋을지 이야기 나눈 후 길이를 재보고 관찰지에 기록하도록 한다.

⑦ 각 시간별로 찍은 해와 그림자사진을 직접 보여주거나 Power point 또는 OHP필름을 사용하여 보여주고 시간이 경과함에 따라 달라지는 해의 위치와 각각의 그림자 형태변화와 그림자 길이변화에 대해 이야기를 나눈다.

친구의 그림자를 그려보아요	그림자의 길이
그린 시간: 오전/오후 시 분	끼우기 블록: 개
	cm

활동명 2-4-6 온도계로 온도 재기

활동목표
- 차가운 것과 뜨거운 것을 구분할 줄 안다.
- 온도의 기초개념(물체의 차고 뜨거운 정도를 수량으로 나타낸 것)을 이해할 수 있다.
- 온도계의 쓰임새를 안다.
- 온도계의 눈금이 올라가는 것은 온도가 올라가는 것임을, 온도계의 눈금이 내려가는 것은 온도가 내려가는 것임을 안다.

수학적 개념 측정, 분류

수학적 과정기술 추론하기, 의사소통하기, 연계하기, 표상하기

활동연령 만 3~4세

활동영역 과학

활동자료 온도계, 온도계판, 차갑거나 따뜻한(뜨거운) 물체 카드, 차갑거나 따뜻한 물체

제작방법

〈온도계판〉

- 준비물: 하드보드지, 투명시트지, 색지, 풀, 가위, 접착제
- 제작방법

① 하드보드지 위에 온도계 모형의 밑그림을 그린다.

② 온도계의 붉은 부분을 칼로 도려낸다.

③ 하드보드지 뒤에 구멍보다 조금 더 큰 붉은 색지를 댄다.

④ 붉은 색지를 아래 위로 움직이기 쉽도록 손잡이를 댄다.

활동방법

① 유아 주변에 있는 차가운 물체, 따뜻한(뜨거운) 물체 또는 장소에 대해 이야기를 나눈다.

② 준비한 물체들을 만져보고 그 느낌에 대해 이야기해 본다.

③ 차갑거나 따뜻한 물체나 사진카드를 보고 분류하여 분류판에 붙인다.

④ 유아들과 차갑거나 따뜻한 물체들을 만져보지 않고 확인해 볼 수 있는 방법에 무엇이 있을지 이야기 나눈다.

⑤ 온도계를 보여주고 그 쓰임에 대해 이야기를 나눈다(Power point를 사용하여 온도계를 크게 확대해서 소개해도 됨).

⑥ 온도계를 가지고 여러 가지 물체, 장소의 온도를 재어본다. 온도를 재기 전에 예측해 보는 시간을 갖고 관찰기록지에 표시해 보도록 한다.

온도를 재어보아요 (잰 물건 :　　　　)	
온도가 이렇게 변할 것 같아요	온도가 이렇게 변했어요

⑦ 차갑거나 따뜻한(뜨거운) 물체의 카드를 보여주고 온도계판의 눈금이 어떻게 변할지 신체로 표현해 보도록 한다.

규칙성(패턴)

활동명 2-5-1 **여러 가지 소리패턴 만들기**

활동목표
- 여러 가지 소리를 구분할 줄 안다.
- 여러 가지 소리를 듣고 같은 소리가 나는 것끼리 대응할 수 있다.
- 여러 가지 소리로 패턴을 만들 줄 안다.

수학적 개념 패턴, 일대일 대응

수학적 과정기술 추론, 의사소통하기, 연계하기, 표상하기

활동연령 만 3~5세

활동영역 과학

활동자료 여러 가지 소리나는 것(콩, 쌀, 돌, 모래), 여러 가지 소리 나는 것을 담을 뚜껑이 있는 플라스틱통 4개, 여러 가지 소리 나는 것으로 만든 마라카스(콩, 쌀, 돌, 모래) 각 1쌍씩 8개, 동요판

활동방법

① 여러 가지 소리가 나는 것들(콩, 쌀, 돌, 모래)을 소개하고 어떤 소리가 날지 예측해 본다.

② 플라스틱통 4개에 콩, 쌀, 돌, 모래를 각각 담아 하나씩 흔들어 소리를 들어본다. 어떤 소리가 났는지 이야기해 보고 어떤 소리와 비슷한지 그림 또는 기호를 만들어 표상해 본다.

③ 콩, 쌀, 돌, 모래 등이 든 마라카스 각 1쌍씩을 섞어놓고 소리를 들어본 후 짝을 맞춰본다. 왜 같은 소리라고 생각하는지 이야기해 보도록 한다. 마라카스 밑쪽에 콩, 쌀, 돌, 모래의 표시를 해놓아 유아들이 확인할 수 있도록 한다.

④ 여러 가지 소리 마라카스를 사용하여 소리패턴(콩-쌀-쌀, 콩-돌-쌀)을 만들어 동요판에 기호로 표시한 후 동요를 부르면서 소리 마라카스를 흔들어 합주를 해본다.

분류

〈여러 가지 자연물 분류하기〉

활동명 2-6-1 여러 가지 꽃잎을 같은 색깔로 분류하기

활동목표
- 여러 가지 꽃잎의 색깔을 분류할 줄 안다.
- 주변에 있는 여러 가지 꽃들을 관찰하고 꽃의 이름과 꽃의 특징을 알아본다.

수학적 개념 분류

수학적 과정기술 의사소통하기, 연계하기, 표상하기

활동연령 만 3~5세

활동인원 과학

활동자료 여러 가지 꽃, 쟁반

활동방법

① 유아 주변에서 볼 수 있는 꽃이나 좋아하는 꽃에 대해 이야기 나눈다.

교사 : "우리 주변에서 볼 수 있는 꽃은 무엇이 있을까요?"

유아 : "해바라기요! 어린이집 옆에 피어 있었어요."

유아 : "할아버지 농장에서 장미를 봤어요."

교사 : "여러분이 좋아하는 꽃은 어떤 것이 있나요?"

유아 : "민들레요! 민들레는 꽃씨가 바람을 타고 날아간대요."

② 유아들과 주변에 있는 여러 가지 꽃들을 관찰하고 꽃의 이름과 특징을 알아본다.

③ 주변에서 수집한 여러 가지 꽃들을 쟁반 위에 색깔별로 분류해 본다.

유아 : "선생님 무궁화는 분홍색이긴한데 꽃잎 속은 빨강색인데 무슨 색이라고 해야 해요?"

교사: "무슨 색으로 하면 좋을까요?"

유아 : "꽃잎은 원래 분홍색이고 속만 빨강색이니까 분홍색이라고 하는 게 좋을 것 같아요."

유아 : "호박꽃은 개나리, 해바라기보다 더 진한 노랑색이예요."

〈여러 가지 꽃들을 색깔별로 분류해 놓은 것〉

〈여러 가지 자연물 분류하기〉

활동명 2-6-2

여러 가지 나뭇잎을 같은 색깔끼리 분류하기

활동목표
- 여러 가지 나뭇잎의 색깔을 분류할 줄 안다.
- 여러 가지 나무의 종류와 나뭇잎에 대해 안다.

수학적 개념 분류

수학적 과정기술 의사소통하기, 연계하기, 표상하기

활동연령 만 3~5세

활동영역 과학

활동자료 여러 가지 나뭇잎, 여러 가지 나무사진 및 설명자료, 여러 가지 나뭇잎 카드(나뭇잎 사진과 나뭇잎 명이 적힌 카드)

활동방법

① 유아 주변에서 볼 수 있는 나무에 대해 이야기 나눈다.

② 여러 가지 나무와 나뭇잎 사진과 나무 명 등에 대한 설명자료를 가지고 이야기를 나눈다.

③ 유아들이 여러 가지 나뭇잎들의 색, 나뭇잎 무늬, 나뭇잎의 모양 등을 탐색해 보도록 한다.

교사 : "나뭇잎들을 보니까 어떤 점이 다른가요?"

유아 : "색깔이 달라요."

유아 : "모양도 길쭉한 모양과 둥근 모양이 있어요."

유아 : "길이도 다른 거 같아요."

교사 : "그럼 색깔이 비슷한 나뭇잎들끼리 모아볼 수 있나요?"

유아 : "네~."

교사 : "어떤 색끼리 모았나요?"

유아 : "갈색, 초록색, 노란색끼리 모았어요."

〈갈색, 초록색, 노란색으로 분류한 나뭇잎들〉

〈여러 가지 자연물 분류하기〉

활동명 2-6-3 **여러 가지 나뭇잎을 같은 모양끼리 분류하기**

활동목표
- 여러 가지 나뭇잎의 모양을 분류할 줄 안다.
- 여러 가지 나무의 종류와 나뭇잎에 대해 안다.

수학적 개념 분류

수학적 과정기술 의사소통하기, 연계하기, 표상하기

활동연령 만 3~5세

활동영역 과학

활동자료 여러 가지 나뭇잎, 여러 가지 나무사진 및 설명자료, 비닐봉지

활동방법

① 유아 주변에서 볼 수 있는 나무 또는 좋아하는 나무에 대해 이야기 나눈다.

② 여러 가지 나무와 나뭇잎 사진과 나무 명 등에 대한 설명자료를 가지고 이야기를 나눈다.

③ 유아들이 바깥 산책을 한 후 주운 나뭇잎들을 같은 모양끼리 분류해 본다.

〈단풍모양과 둥근 모양으로 분류해 놓은 나뭇잎들〉

④ 같은 모양끼리 분류한 후 유아들이 여러 가지 나뭇잎들의 색, 나뭇잎 무늬, 나뭇잎의 모양 등을 탐색해 보도록 한다.

〈여러 가지 자연물 분류하기〉

활동명 2-6-4 여러 가지 돌을 같은 색깔끼리 분류하기

활동목표 • 여러 가지 돌의 색깔을 분류할 줄 안다.

수학적 개념 분류

수학적 과정기술 의사소통하기, 연계하기, 표상하기

활동연령 만 3~5세

활동영역 과학

활동자료 여러 가지 돌, 비닐봉지

활동방법

① 바깥 산책 시 주변에서 볼 수 있는 여러 가지 돌을 주워 교실로 가지고 온다.

② 여러 가지 돌의 색깔, 모양, 촉감 등을 탐색해 본다.

〈자기가 찾은 돌들을 자세히 관찰하고 있는 유아들〉

③ 여러 가지 돌을 같은 색깔끼리 분류해 본다.

유아 : "돌멩이의 색이 달라요. 빨강색이랑 회색이에요."

유아 : "하얀색도 있는 것 같아요.

유아 : "제 것은 둘 다 회색으로 똑같아요."

유아 : "색깔이 섞여 있는 것 같아요."

교사 : "그러면 같은 색깔을 가진 돌끼리 한 번 모아보세요."

〈같은 색깔의 돌멩이끼리 분류해 보고 있는 유아들〉

〈여러 가지 자연물 분류하기〉

활동명 2-6-5 여러 가지 돌을 같은 모양끼리 분류하기

활동목표 • 여러 가지 돌의 모양을 분류할 줄 안다.

수학적 개념 분류

수학적 과정기술 의사소통하기, 연계하기, 표상하기

활동연령 만 3~5세

활동영역 과학

활동자료 여러 가지 돌, 비닐봉지

활동방법

① 바깥 산책 시 주변에서 볼 수 있는 여러 가지 돌을 주워 교실로 가지고 온다.

② 여러 가지 돌의 색깔, 모양, 촉감 등을 탐색해 본다.

③ 여러 가지 돌을 비슷한 모양끼리 분류해 본다.

유아 : "한 개는 동그랗고 한 개는 길고 뾰족해요."

유아 : "돌멩이가 네모 같이 생긴 것도 있고 동그랗게 생긴 것도 있어요."

유아 : "돌멩이가 울퉁불퉁해요."

유아 : "한 개는 작고 한 개는 커요."

유아 : "난 둘 다 똑같은데……."

교사 : "그러면 같은 모양끼리 모아보도록 해요."

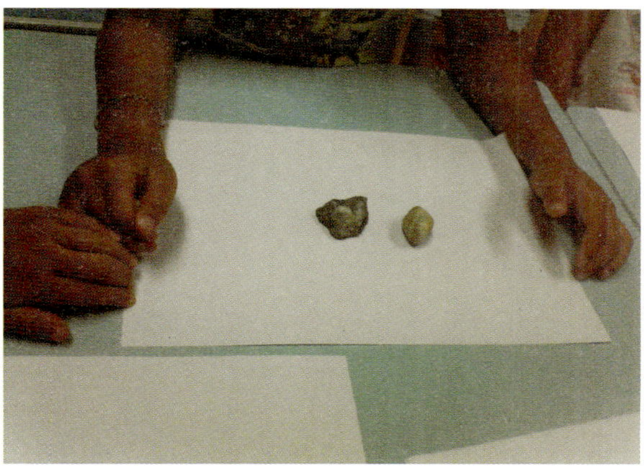

〈두 개 돌의 모양과 크기를 비교하고 있는 유아들〉

〈여러 가지 물체 분류하기〉

활동명 2-6-6 자석에 붙는 것과 붙지 않는 것 분류하기

활동목표
- 자석에 붙거나 붙지 않는 것을 분류할 수 있다.
- 자석에 붙거나 붙지 않는 것의 특성을 안다.

수학적 개념 분류

수학적 과정기술 추론, 의사소통하기, 연계하기, 표상하기

활동연령 만 3~5세

활동영역 과학

활동자료 자석, 자석에 붙거나 붙지 않는 것(열쇠, 못, 클립, 집게, 쇠구슬, 지우개, 연필, 레고블록, 종이), 쟁반 2개, 관찰지, 필기구(연필, 색연필, 사인펜)

활동방법

① 유아들에게 자석을 보여주고 자석의 특성에 대해 이야기 나눈다.

② 자석에 붙거나 붙지 않는 여러 가지 물체를 준비해 놓고 유아들에게 어떤 것이 자석에 붙거나 붙지 않을지 예측해 보도록 한다. 왜 자석에 붙거나 붙지 않을 것 같은지 이야기해 보도록 한다.

③ 쟁반을 두 개 준비하여 자석에 붙을 것이라고 예측한 물건과 자석에 붙지 않을 것이라고 예측한 물건들을 각각의 쟁반에 따로 담아 놓고 관찰지에 기록(그림 또는 글씨)을 한다.

④ 각각의 쟁반에 따로 담아놓은 물건들을 차례로 자석에 붙여보고 예측이 맞았는지 확인해 본다. 확인 후 관찰지에 기록한다. 결과를 보고 자석에 붙거나 붙지 않는 이유에 대해 토의해 본다.

⑤ 교사가 준비한 물건 이외에 유아들이 교실에서 실험해 보고 싶은 물건들을 가지고 와서 반복실험을 해보고 자석에 붙거나 붙지 않는 이유에 대해 함께 토의하고 이론을 정립해 본다.

활동명 2-6-7

〈여러 가지 물체 분류하기〉

물에 뜨거나 가라앉는 것 분류하기

활동목표
- 물에 뜨거나 가라앉는 것을 분류할 수 있다.
- 물에 뜨거나 가라앉는 것의 특성을 안다.

수학적 개념 분류

수학적 과정기술 추론, 의사소통하기, 연계하기, 표상하기

활동연령 만 3~5세

활동영역 과학

활동자료 큰 수조, 물, 물에 뜨거나 가라앉는 여러 가지 물체(레고블록, 스펀지, 스티로폼, 클립, 연필, 동전, 필름통, 돌, 지우개, 탁구공, 병뚜껑, 구슬 등), 쟁반 두 개, 관찰지, 필기구(연필, 사인펜, 색연필 등)

활동방법

① 물에 뜨거나 가라앉는 여러 가지 물체를 준비해 놓고 유아들에게 어떤 것이 물에 뜨거나 가라앉을지 예측해 보도록 한다.

② 예측한 물건들이 왜 물에 뜨거나 가라앉을 것 같은지 이야기해 보도록 한다.

③ 쟁반을 두 개 준비하여 물에 가라앉을 것이라고 예측한 물건과 물에 뜰 것이라고 예측한 물건들을 각각의 쟁반에 따로 담아놓고 관찰지에 기록(그림 또는 글씨)을 한다.

④ 각각의 쟁반에 따로 담아놓은 물건들을 차례로 물에 담가 예측이 맞았는지 확인해 본다. 확인 후 관찰지에 기록한다. 결과를 보고 물에 뜨거나 가라앉는 이유에 대해 토의해 본다.

⑤ 교사가 준비한 물건 이외에 유아들이 교실에서 실험해 보고 싶은 물건들을 가지고 와서 반복실험을 해보고 물에 뜨거나 가라앉는 이유에 대해 함께 토의하고 이론을 정립해 본다.

활동명 2-6-8

〈여러 감각 사용하여 분류하기〉

여러 가지 소리 분류하기

활동목표
- 여러 가지 소리를 구분할 줄 안다.
- 감각기관(귀)의 기능을 안다.

수학적 개념 일대일 대응, 분류

수학적 과정기술 의사소통하기, 연계하기, 표상하기

활동연령 만 3~5세

활동영역 과학

활동자료 여러 가지 소리나는 물건, 비밀상자, 여러 가지 소리가 나는 것 그림(사진)카드, 여러 가지 소리녹음 테이프, 소리분류판, 귀 내부 사진 또는 그림자료

활동방법

① 인체의 귀가 하는 일이 무엇인지 유아들과 이야기해 본다.

유아 : "소리를 들어요."

유아 : "예쁜 귀걸이도 달 수 있어요."

유아 : "노래도 들을 수 있어요."

② 주변에서 들을 수 있는 여러 가지 소리에 대해 유아들과 이야기 나눈다.

유아 : "자동차 소리, 시계 소리, 노래 소리요."

③ 여러 가지 소리나는 물건의 소리를 듣고 무슨 소리인지 알아맞혀 본다.

④ 여러 가지 소리 그림(사진)카드를 실내에서 나는 소리와 실외에서 나는 소리 또는 시끄러운 소리와 조용한 소리 등으로 분류하여 소리분류판에 붙여본다.

실내에서 나는 소리	실외에서 나는 소리

활동명 2-6-9

〈여러 감각 사용하여 분류하기〉

여러 가지 맛 분류하기

활동목표
- 여러 가지 맛을 구분할 줄 안다.
- 감각기관(혀)의 기능을 안다.
- 비슷한 맛을 가진 것끼리 분류할 수 있다.

수학적 개념 분류

수학적 과정기술 의사소통하기, 연계하기, 표상하기

활동연령 만 3~5세

활동영역 과학

활동자료 귤(오렌지), 레몬, 초코릿, 꿀, 맛소금, 간장, 쟁반, 생수, 종이컵, 눈가리개, 재료그림, 기록지, 풀

활동방법

① 인체의 혀가 하는 일에 대해 유아들과 이야기해 본다.

선생님 : "우리 입 속에 혀는 어떤 일을 할까요?"

유아 : "아이스크림을 먹어요."

유아 : "맛을 봐요."

선생님 : "어떤 맛을 보나요?"

유아 : "사탕 맛도 보고, 커피 맛도 보지요."

② 눈가리개를 하고 쟁반 위에 있는 것들의 맛을 하나씩 보고 무엇인지 알아맞혀 보도록 한다. 한 가지를 맛본 후에는 생수로 입을 헹구고 다시 다른 것의 맛을 볼 수 있도록 한다.

③ 여러 가지 맛을 가진 사물그림을 오려 기록지에 붙여 본다.

맛	맛을 내는 것
단맛	
신맛	
짠맛	

〈여러 가지 물체 분류하기〉

활동명 2-6-10 차가운 것과 따뜻한 것 분류하기

활동목표 • 차가운 것과 따뜻한 것을 구분할 줄 안다.

수학적 개념 분류

수학적 과정기술 의사소통하기, 연계하기, 표상하기

활동연령 만 3~4세

활동영역 과학

활동자료 차갑거나 따뜻한 물건(얼음, 찬물주머니, 감자, 핫팩), 차갑거나 따뜻한 물건 사진 또는 그림(냉장고, 에어콘, 아이스크림, 전기난로, 찌개, 차), 관찰지

활동방법

① 유아 주변에 있는 차가운 물건, 따뜻한(뜨거운) 물건 또는 장소에 대해 이야기를 나눈다.

② 준비한 물건들(얼음, 찬물주머니, 감자, 핫팩)을 만져보고 그 느낌에 대해 이야기해 본다.

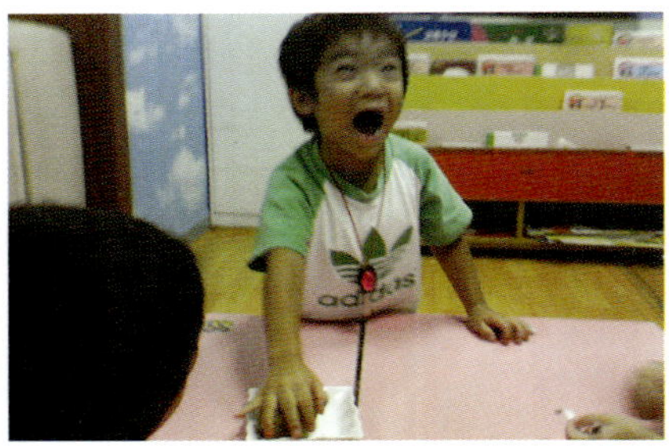

④ 차갑거나 따뜻한 물건의 사진 또는 그림(냉장고, 에어콘, 아이스크림, 전기난로, 찌개, 차)을 관찰지에 붙여보도록 한다.

차가운 것	따뜻한 것

자료분석(그래프)

활동명 2-7-1

내가 좋아하는 꽃 색깔 그래프

활동목표
- 여러 가지 꽃들을 색깔별로 분류하고 그래프로 만든다.
- 여러 가지 꽃의 이름과 꽃의 향기, 색깔, 모양, 꽃의 내부, 꽃이 피는 시기 등에 대해 안다.

수학적 개념 통계, 분류, 수세기

수학적 과정기술 의사소통하기, 연계하기, 표상하기

활동연령 만 3~5세

활동영역 과학

활동자료 여러 가지 꽃 사진 및 설명자료, 여러 가지 꽃 카드(꽃 사진과 꽃 명이 적힌 카드), 꽃색깔표

활동방법

① 유아 주변에서 볼 수 있는 꽃 또는 좋아하는 꽃에 대해 이야기 나눈다.

② 여러 가지 꽃 사진과 꽃 명, 꽃 말, 꽃잎의 수, 꽃잎의 색, 꽃이 피는 시기 등에 대한 설명자료를 가지고 이야기를 나눈다.

③ 여러 가지 꽃 카드를 색깔에 따라 분류하여 색깔표에 붙여본다.

4					
3					
2					
1					
개수/색깔	빨강	분홍	노랑	파랑	보라

④ 꽃 사진들을 보면서 색깔을 맞게 분류했는지 확인해 보고 어떤 색이 가장 많은지, 어떤 색이 가장 적은지 비교해 본다.

〈꽃 사진 카드를 색깔별로 분류하여 그래프화 해놓은 것〉

활동명 2-7-2

내가 좋아하는 나뭇잎 그래프

활동목표
- 나무와 나뭇잎의 종류가 여러 가지가 있음을 안다.
- 여러 사람이 좋아하는 나뭇잎의 종류에는 무엇이 있는지 통계를 통해 알아볼 수 있다.

수학적 개념 통계

수학적 과정기술 추론하기, 의사소통하기, 연계하기, 표상하기

활동연령 만 3~5세

활동영역 과학

활동자료 여러 가지 나뭇잎, 여러 가지 나무와 나뭇잎 사진 및 설명자료, 나뭇잎 그래프(2절지 도화지 또는 켄트지, 자, 유성매직), 작게 자른 여러 색깔의 색지, 사인펜, 색연필

활동방법

① 유아 주변에서 볼 수 있는 나무 또는 좋아하는 나무에 대해 이야기 나눈다.

② 준비한 여러 가지 나무와 나뭇잎 사진, 나무 명 등에 대한 설명자료를 가지고 이야기를 나눈다.

③ 유아들이 여러 가지 나뭇잎들의 색, 나뭇잎 무늬, 나뭇잎의 모양 등을 탐색해 보도록 한다.

④ 자기가 좋아하는 나뭇잎을 작은 색지 위에 쓰거나 그려서 해당 나뭇잎이 표시된 그래프 위에 붙인다.

4					
3					
2					
1					
개수/꽃 명	은행잎	단풍잎	플라타너스잎	감나무잎	벚나무잎

⑤ 완성된 나뭇잎 그래프를 보고 어떤 나뭇잎을 친구들이 가장 좋아하는지, 좋아하지 않는 나뭇잎은 무엇인지 알아본다.

활동명 2-7-3

내가 좋아하는 과일 그래프

활동목표
- 과일에는 여러 가지 종류가 있음을 안다.
- 여러 사람이 좋아하는 과일의 종류에는 무엇이 있는지 통계를 통해 알아볼 수 있다.

수학적 개념 통계

수학적 과정기술 추론하기, 의사소통하기, 연계하기, 표상하기

활동연령 만 3~5세

활동영역 과학

활동자료 여러 가지 과일, 여러 가지 과일사진 및 설명자료, 과일그래프(2절지 도화지 또는 켄트지, 자, 유성매직), 작게 자른 여러 색깔의 색지, 사인펜, 색연필

활동방법

① 유아들이 좋아하는 과일들에는 무엇이 있는지 이야기 나눈다.
② 준비한 여러 가지 과일 또는 과일사진 및 설명자료를 가지고 이야기 나눈다.
③ 유아들이 여러 가지 과일의 색, 맛, 모양 등을 탐색해 보도록 한다.
④ 자기가 좋아하는 과일을 작은 색지 위에 쓰거나 그리고 해당 과일이 표시된 그래프 위에 붙인다.

4					
3					
2					
1					
개수/과일 명	사과	딸기	오렌지	수박	포도

⑤ 완성된 과일그래프를 보면서 어떤 과일들을 친구들이 가장 좋아하는지, 좋아하지 않는 과일은 무엇인지 알아본다.

활동명 2-7-4

햇빛을 가리고 키운 콩나물과 햇빛에 키운 콩나물 비교 그래프

활동목표
- 콩나물의 길이를 측정하고 그래프로 표현한다.
- 콩나물의 성장에 무엇이 필요한지 안다.
- 햇빛을 가리고 키운 콩나물과 햇빛에 키운 콩나물의 성장과정을 관찰하고 차이점을 비교해 본다.

수학적 개념 측정, 통계

수학적 과정기술 추론하기, 의사소통하기, 연계하기, 표상하기

활동연령 만 4~5세

활동영역 과학

활동자료 콩나물 콩 여러 개, 투명 페트병 1개, 검은 시트지로 가린 페트병 1개, 검은 천이나 검은 봉지, 콩나물을 받칠 막대 두 개, 솜, 물뿌리개

활동방법

① 강낭콩 기르기와 콩나물 기르기의 차이점에 대해 이야기해 본다.

② 콩나물을 기를 때 천으로 덮어 햇빛을 가린 콩나물 콩과 천으로 덮지 않은 콩나물이 어떻게 자랄지 예측해 본다.

③ 햇빛을 가리고 키운 콩나물과 햇빛에 키운 콩나물 비교실험을 위해 필요한 것과 실험조건에 대해 이야기 나누고 실험구성을 위한 자료들을 준비한다.

④ 각각의 콩나물을 기르면서 비교 관찰한 것을 관찰지에 기록하고 달라진 변화에 대해 이야기 나눈다. 이때 3~5일 간격으로 두 가지 콩나물 콩의 비교사진을 찍고 전시함으로써 유아들이 변화과정을 생각할 기회를 주도록 한다.

⑤ 콩나물의 성장은 자를 사용하여 기록할 수도 있으나 눈으로 보기 쉽게 색 테이프를 이용하여 콩나물 길이를 그래프로 만들고 비교함으로써 길이변화를 한눈에 알아 볼 수 있도록 한다.

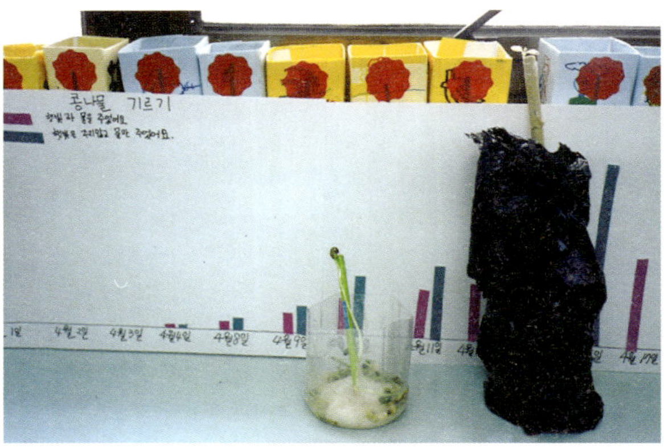

참고문헌

교육과학기술부(2012). 교육과학기술부 고시 제2012-16호.

권영례(1995). 유아수학교육. 한국방송통신대학교.

권영례 · 이영자 · 이정욱(1998). 3, 4, 5,세 유아를 위한 수학교육과정 모델개발의 준거. 청삼아동문제 연구시리즈 14. 서울: 창지사.

김광웅(2001). 유아교육심리학. 서울: 창지사.

김명순 · 조명자(2002). 유아를 위한 음악교육의 이론과 실제. 서울: 다음세대.

김명희 · 이명희(2000). 다중지능의 이론과 실제. 서울: 양서원. Gardner, H. (1993). Multiple Intelligences: The theory in practice.

김소향(2004). 수학게임을 통한 유아의 수학적 지식, 수학적 과정기술, 수학적 태도에 대한 평가도구 개발 연구. 덕성여자대학교 대학원 박사학위논문.

김숙령((2000). 제6차 유치원 교육과정에 기초한 유아수학교육. 학지사.

김영선 · 김영온 · 박미라(1997). 수 · 과학지도. 서울: 양서원.

김영선(2002). 유아수학교육의 이론과 실제. 서울: 교육과학사.

김현자 · 서명원 · 박경난 · 박근주(2008). 영유아 수 · 과학교육의 이론과 실제. 서울: 창지사.

나귀옥(2002). 취학전 유아의 수 및 연산의 기초개념에 관한 연구. 미래유아교육학회지. 9(3). 39-57.

______(2002). 만 4, 5세 유아의 수학적 표상활동이 비형식적 더하기 및 빼기에 미치는 영향. 미래유아교육학회지, 9(3), 39-56.

나귀옥 · 김경희(2003). 유아수학교육에 있어서 수학적 과정에 대한 연구. 순천향대학교 인문과학연구소 인문과학논총, 제12집. 21-41.

문연심 · 이화영(2005). 통합적 접근에 기초한 영유아수 · 과학교육. 서울: 양서원.

박경옥(2003). 수학적 문제해결력 및 추론능력과 관련된 정의적 요소와 그 차이에 관한 분석. 청주교육대학교 교육대학원 석사학위논문.

박소신(2006). 교재 · 교구를 활용한 유아수학교육방법. 동의대학교 교육대학원 석사학위 논문.

박홍자(2002). 유아 수 · 과학교육. 서울: 동문사.

박홍자 · 이순영(2006). 영유아수학교육. 서울: 태영출판사.

박희숙(2004). 프로젝트스펙트럼에 기초한 유아다중지능증진프로그램개발 및 효과. 전남대학교 대학원 박사학위논문.

백소영(2005). 일상생활자료를 활용한 수학적 탐구활동이 유아의 수학개념 및 태도에 미치는 영향. 중앙대학교 교육대학원 석사학위논문.

안상원(1995). 요리활동을 통한 유아의 수 개념발달에 관한 연구. 원광대학교 교육대학원 석사학위논문.

윤애희 · 김온기 · 이혜경(2002). 사고과정을 중심으로 한 유아수 · 과학교육. 서울: 창지사.

이경우(1995). 수학교육을 위한 문학적 접근. 서울: 다음세대.

이경우 · 홍혜경 · 신은수 · 진명희(1997). 유아수학교육의 이론과 실제. 서울: 창지사.

이정욱 · 안경숙 · 김소향(2001). 3세와 4세 유아의 비형식적 수지식에 대한 연구. 유아교육 연구. 21(1). 251-267.

이정욱 · 유연화(2006). 유아수학교육. 서울: 정민사.

이지현 역(2002). 어린이 수학교육. 서울: 정민사.

전희영(2001). 유아의 측정능력에 관한 연구. 덕성여자대학교 대학원 석사학위논문.

정연희(2003). 구성주의 이론에 기초한 요리활동을 통한 유아과학교육. 서울: 정민사.

한유미(2003). 유아수학교육. 서울: 창지사.

홍혜경(1992). 3 · 4세와 5 · 6세 유아를 위한 수학교육활동. 한국유아교육협회주최 세미나, 5월. 17-64.

______(2004). 유아 · 초등 저학년의 연계적 수학교육과정을 위한 기초연구. 유아교육연구. 24(2). 289-310.

황혜경(2005). 개인적 지능 중심의 유아다중지능교육프로그램 구성 및 적용효과. 덕성여자대학교 대학원 박사학위논문.

최미희(2003). 수업유형, 집단구성 및 성별이 유아의 수학적 문제해결력 및 수학적 태도에 미치는 효과. 계명대학교 대학원 박사학위논문.

Baroody, A. J.(2000). Does mathematics instruction for three to five year olds really make sense? *Young Children, 55*(4). 61-76.

Bodrova, E. & Leong, D. J.(1996). *Tools of the mind: The Vygotskian approach to early childhood education.* Englewood cliffs. NJ: Prentice Hall.

Carpenter, T. P., & Moser, J. M.(1982). The development of addition and subtraction problem-solving skills. In T. P. Carpenter, J. M. Moser, & T. A. Romberg(Eds.), Addition and subtraction: A cognitive perspective. H. Ilsdale, NJ: Erlbaum.

Charlesworth, R.(2000). *Experiences in math for young children*(4nd ed.). CT: Delmar Thomson Learning.

Charlesworth, R. & Lind, K. K.(2003). *Math and Science for young children*(4th Eds.). Albany, NY: Delma Learning.

Clements, D. H.(2001). Mathematics in the preschool. *Teaching children mathematics, 7*(5). 270-275.

Clements, D. H.(2004). Major themes and recommendations. In D. H. Clements & J. Sarama(Eds), Engaging young children in mathematics education(pp. 7-72). Mhawah, NJ: Lawrence Erlbaum.

Copeland, R. W.(1984). *How Children Learn Mathematics: Teaching Implications of Piaget's Research*(4th ed). NY: Macmillan.

Copley, J. V.(1999). *Assessing the mathmatical understanding of the young children.* In J. V. Copley(Ed). Mathematics in the early years(pp. 299-317).

__________(2000). *The Young child and Mathematics.* National Association for the Education of Young Children. Washington, D.C. 29-47.

Edwards, C., Gandini, L., & Forman, G.(1993). *The hundred languages of children: The Reggio Emilia Approach to Early Childhood Education.* Norwood, NJ: Ablex Pulinshing Corp.

Fuson, K., & Hall, J.(1983). The acqusition of early number word meanings In H. Ginsburg(ed.), The Development of Mathematical Thinking, pp. 50-107. London: Academic Press.

Fuys & Lievov(1993). Paper presented at the Biennial Meeting of the Society for Research in Child Development. (Baltimore, MD, Aprial. 23-26, 1987).

Gardner, H.(1999). Intelligences: The reframed: Multiple intelligences for the 21st centry. 문용린 역(2001). 다중지능: 인간지능의 새로운 이해. 경기도: 김영사.

Gelman, R., & Gallistel, D. R.(1978). The Child' s understanding of number. Cambridge, MA: Harvard University Press.

Greenberg, P.(1993). How and why to teach all aspects of preschool and kindergarten math naturally, democratically, and effectively-Part1. *Young Children, 48*(4), 75-84.

kamii, C.(1982). *Numbers in preschool and kindergarten: Educational implication of Piaget' theory*. Washinton, DC: National Association for the Education of Young Children.

kamii, C.(1988). Number in preschool and kindergarten: Educational implications of Piaget' s theory. National Association for the Education of Young Children, Washington, D. C. 김판희 · 김영선 역(1997). 유아수교육론. 서울: 양서원.

Kamii, C., & DeClark, G.(1985). *Young children reinvent arithematic*. NY: Teachers College Press.

Kamii, C., & DeVries, R.(1980). *Group Games in Early Education: Implications of Piaget' s Teory*. Washington D. C.: NAEYC.

Kennedy, L. M., & Tipps, S.(2000). *Guiding childre' s learning of Mathematics*. Belmomt, CA: Wadsworth.

Myren, C. L.(1996). Early children corner: Encouraging young children to solve problems independently. *Teaching children Mathematics*. *3*(2), 72-76.

National Association for the Education of Young Children.(1991). Guidelines for appropriate curriculum content and assesment in programs serving children ages three through eight. *Young children, 46*(3), 21-38.

National Council of Teachers of Mathematics.(1989). *Curriculum and evaluation standard for School Mathematics*. Reston, VA: Author.

National Council of Teachers of Mathematics.(1991). *Professional standards for School Mathematics. Reston*, VA: Author.

National Council of Teachers of Mathematics..(2000). *Principles and Standards for School Mathmatics*. Reston, VA: the National Council of Teacher of Mathematics, Inc.

Piaget, J.(1952). *The child's conception of number*(C. Gattegno & F. M. Hodgeson, Trans). London: Routledge & Kagan Paul.

________(1962). *Play, Dreams, and imitation in childhood.* NY: Norton.

________(1967). *The child's conception of world.* Totwoa, NJ: Littlefield, Adams & Co.

________(1977). *The development of Thought : Equilibration of cognitive.* NY: Viking.

Piaget, J. & Inhelder, B.(1956). *The child's conception of space.* London: Routledge & Kegan Paul.

____________________(1964). *The early growth of logic in the child: Classification and seriation.* NY: Harper & Row.

____________________(1967). *The child's conception of space.* NY: W. W. Norton & Co.

Reyes, L. H.(1984). Affective variables and mathematics education. *Elementary School Journal, 84*, 558-581.

Schickedanz, T. A., Pergants, M. L., Kanosky, A., Blaney, A., & Ottinger, J.(1997). *Curriculum in early childhood.* Boston, MA: Allyn & Bacon.

Shaw, J., & Blake, S.(1998). *Mathematics for Young children.* NJ: Prentice-Hall, Inc.

Siegler, R. S.(1998). *Children's thinking.* (3rd ed.). Upper Saddle River, NJ: Prentice-Hall.

Smith, S. S.(1997). *Early childhood mathematics.* Boston: Allyn & Bacon.

Vygotsky, L.(1962). Thought and language. Cambridge, MA: MIT Press.

___________(1978). Mind in society: The development of higher psychological processes. Cambridge, MA: Harvard University Press.

Ward, C. S.(1993). Developmental versus academic mathematics education: Effects on problem-solving performance and attitudes toward mathematics in kindergarten. Unpublished doctoral dissertation, Peabody College for Teachers of Vanderbilt University, Tennessee.

Worth, J.(1990). Developing problem-solving abilitiies and attitudes. In J. Payne(Ed.), Mathemacics for the young child(pp. 39-61). Reston, VA: NCTM.

Wynn, K.(2000). Findings of addtion and subtraction in infants are robust and consistent: Reply to Wake and Langer. *Child Development. 71*(6). 1535-1536.

저자소개

정연희

중앙대학교 유아교육학과(문학사)
중앙대학교 유아교육학과 대학원(문학석사)
중앙대학교 유아교육학과 대학원(문학박사)
현) 서정대학교 유아교육과 교수

저서
『프로젝트 접근법의 활용』(공저, 1998)
『요리활동을 통한 유아과학교육』(2003)
『유아교육개론』(공저, 2008)
『유아 교과교재 및 연구법』(2011)
『보육학개론』(공저, 2012)
『교육 · 보육실습』(공저, 2013)

증보

유아수학교육

초판 1쇄 발행 2009년 2월 6일
초판 2쇄 발행 2011년 7월 15일
증보 3쇄 발행 2017년 1월 20일

지은이 | 정연희
펴낸이 | 김기섭
책임편집 | 엄지연
펴낸곳 | 창지사 www.changjisa.com
08589 서울특별시 금천구 가산디지털 1로 83
파트너스타워1차 9층
전화 (02) 719-2211~3
팩스 (02) 701-9386
등 록 | 1977년 4월 28일 제1-421호

ISBN 978-89-426-0742-6 (93370)
Printed in Seoul, Korea

값 19,000원